Dr. Jaerock Lee

Boh
Lekár

*Pán hovorí: „Ak budeš počúvať hlas Pána, svojho Boha,
a budeš robiť to, čo je v jeho očiach správne,
a poslúchneš všetky jeho rozkazy a zachováš všetky jeho ustanovenia,
potom ťa nezastihnem takými biedami,
akými som postihol Egypťanov,
lebo ja, Pán, som tvoj lekár."*
(Ex 15, 26)

Boh Lekár by Dr. Jaerock Lee
Vydavateľstvo Urim Books (Predstaviteľ: Kyungtae Noh)
73, Yeouidaebang-ro 22-gil, Dong, Dongjak Gu, Soul, Kórea
www.urimbooks.com

Všetky práva vyhradené. Táto kniha alebo jej časti nesmú byť reprodukované v žiadnej podobe, uložené vo vyhľadávacom systéme alebo prenášané v akejkoľvek forme alebo akýmikoľvek prostriedkami, elektronicky, mechanicky, fotokópiami, záznamom alebo inak bez predchádzajúceho písomného súhlasu vydavateľa.

Pri preklade biblických citátov z angličtiny do slovenčiny bol použitý zdroj: Svätá Biblia, Jozef Roháček, 2007. Použité s dovolením.

Copyright © 2017 by Dr. Jaerock Lee
ISBN: 979-11-263-0324-3
Translation Copyright © 2012 by Dr. Esther K. Chung. Použité so súhlasom.

Pôvodne vydané v kórejskom jazyku v roku 2009 vydavateľstvom Urim Books

Prvé vydanie júna 2017

Editoval Dr. Geumsun Vin
Navrhol Editorial Bureau of Urim Books
Vytlačil Prione Printing
Pre viac informácií kontaktujte urimbooks@hotmail.com

Slovo na úvod

S naďalej rozvíjajúcou sa materiálnou civilizáciou a zvyšujúcou sa prosperitou vidíme, že ľudia dnes majú viac času a prostriedkov. Navyše, s cieľom dosiahnuť zdravší a pohodlnejší život, ľudia investujú svoj čas a bohatstvo a venujú pozornosť mnohým užitočným informáciam.

Avšak, keďže ľudský život, starnutie, choroba a smrť sú pod zvrchovanosťou Boha, nemôžu byť kontrolované mocou peňazí alebo vedomostí. Navyše je nepopierateľné, že aj napriek veľmi sofistikovanej lekárskej vede, ktorá je výsledkom ľudských vedomostí nahromadených v priebehu storočí, počet pacientov, ktorí trpia nevyliečiteľnými a smrteľnými chorobami, neustále stúpa.

Počas celej histórie sveta existovalo množstvo ľudí rôznych vierovyznaní a s rôznymi znalosťami – vrátane Budhu a Konfucia – ale všetci pri tejto otázke mlčali a žiadny z nich nebol schopný zabrániť starnutiu, chorobe alebo smrti. Táto otázka sa viaže k hriechu a k spáse ľudstva, z ktorých ani jedno nie je vyriešiteľné človekom.

Dnes existuje mnoho nemocníc a lekární, ktoré sú ľahko dostupné a zdanlivo pripravené urobiť našu spoločnosť zdravou a bez chorôb. Ale naše telo a svet sú zamorené rôznymi chorobami, počnúc obyčajnou chrípkou až po choroby neidentifikovateľného pôvodu, na ktoré neexistuje žiadny liek. Ľudia neváhajú obviňovať podnebie a životné prostredie alebo to ľahko vnímajú ako prírodné a fyziologické javy, a spoliehajú sa na lieky a lekársku techniku.

Aby bolo možné dosiahnuť fundamentálne uzdravenie a viesť zdravý život, musí každý z nás pochopiť, ako choroba vznikla, a ako môžeme dosiahnuť uzdravenie. Evanjelium a pravda majú vždy dve strany: pre ľudí, ktorí s nimi nesúhlasia, sú prekliatím a trestom, a pre ľudí, ktorí ich prijímajú, sú požehnaním a životom. Je to Božia vôľa, aby bola pravda skrytá pred tými, ktorí, ako farizeji a učitelia zákona, považujú samých seba za múdrych a inteligentných; ale je tiež Božou vôľou, aby bola pravda zjavená tým, ktorí sú ako deti, túžia po nej a otvárajú svoje srdcia (Lk 10, 21).

Boh jasne sľúbil požehnanie tým ľuďom, ktorí počúvajú a žijú podľa Jeho príkazov, zatiaľ čo On tiež podrobne zaznamenal prekliatie a všetky typy chorôb, ktoré postihnú tých ľudí, ktorí nepočúvajú Jeho príkazy (Dt 28, 1-68).

Pripomenutím Božieho Slova neveriacim, a dokonca aj niektorým veriacim, ktorí ho prehliadli, toto dielo sa snaží viesť týchto ľudí na správnu cestu k oslobodeniu z choroby a ochorení.

V mene nášho Pána sa modlím, aby bol mocou Boha spásy a uzdravenia každý z vás uzdravený zo všetkých chorôb a ochorení, malých aj veľkých, a nech vás a vaše rodiny zdravie nikdy neopúšťa do takej miery, do akej Božie Slovo počúvate, čítate, chápete a je vaším pokrmom!

Jaerock Lee

Obsah

Boh Lekár

Slovo na úvod

Kapitola 1
Pôvod ochorenia a lúč uzdravenia   1

Kapitola 2
Chcete sa uzdraviť?   13

Kapitola 3
Boh Lekár   31

Kapitola 4
Jeho ranami sme uzdravení   43

Kapitola 5
Moc uzdravovať slabosti   59

Kapitola 6
Spôsoby uzdravenia ľudí posadnutých démonmi   71

Kapitola 7
Viera a poslušnosť malomocného Námana   87

Kapitola 1

Pôvod ochorenia a lúč uzdravenia

„Vám však,
ktorí sa bojíte môjho mena,
vyjde slnko spravodlivosti,
ktoré má na krídlach uzdravenie."

Mal 4, 2

1. Hlavná príčina choroby

Kvôli túžbe viesť šťastný a zdravý život počas života na tomto svete ľudia konzumujú všetky druhy potravín, o ktorých je známe, že sú zdraviu prospešné a zaujímajú sa a hľadajú tajné metódy. Napriek pokroku materiálnej civilizácie a lekárskej vede je realitou, že utrpeniu spôsobenému nevyliečiteľnou a smrteľnou chorobou sa nedá zabrániť.

Môže byť človek zbavený utrpenia z choroby počas života na tejto zemi?

Väčšina ľudí neváha obviňovať podnebie a životné prostredie alebo chorobu ľahko vnímajú ako prírodný alebo fyziologický jav, a spoliehajú sa na lieky a lekársku techniku. Akonáhle sa zistia príčiny všetkých druhov chorôb a ochorení, každý môže byť uzdravený.

Biblia nám predstavuje fundamentálne spôsoby, vďaka ktorým každý človek môže žiť život bez chorôb, a to aj keď je chorý, spôsoby, ktorými môže dosiahnuť uzdravenie:

> *Pán hovorí: „Ak budeš počúvať hlas Pána, svojho Boha, a budeš robiť to, čo je v jeho očiach správne, a poslúchneš všetky jeho rozkazy a zachováš všetky jeho ustanovenia, potom ťa nezastihnem takými biedami, akými som postihol Egypťanov, lebo ja, Pán, som tvoj lekár"* (Ex 15, 26).

Toto je verné Božie Slovo, ktoré riadi ľudský život, smrť,

prekliatie a požehnanie, a je dávané osobne.

Čo je teda choroba a prečo sa ňou človek nakazí? V lekárskych termínoch sa „choroba" vzťahuje na všetky typy zdravotného postihnutia v rôznych častiach ľudského tela – neobvyklý alebo abnormálny zdravotný stav – a väčšinou vzniká a šíri sa baktériami. Inými slovami, choroba je abnormálny telesný stav, ktorý je vyvolaný jedovatými látkami alebo baktériami spôsobujúcimi chorobu.

V Ex 9, 8-9 je popis procesu privedenia rany vredov na Egypt:

> *Nato Pán prikázal Mojžišovi a Áronovi: „Naberte si plné hrste sadzí z pece! Mojžiš nech to potom rozsype pred očami faraóna proti nebu. Ony sa rozšíria ako jemný prach po celej egyptskej krajine a spôsobia na ľuďoch a na dobytku vredy a zdurené pľuzgiere po celej egyptskej krajine."*

V Ex 11, 4-7 čítame o Božom oddeľovaní ľudu Izraela od ľudí z Egypta. Izraelitov, ktorí uctievali Boha, nepostihla žiadna rana, zatiaľ čo Egypťanov, ktorí neuctievali ani Boha, ani nežili podľa Jeho vôle, postihol mor všetkého ich prvorodeného.

Prostredníctvom Biblie sa dozvedáme, že aj choroba je pod zvrchovanosťou Boha, že On chráni od choroby tých, ktorí Ho uctievajú, a že choroba postihne tých ľudí, ktorí páchajú hriechy, pretože On od nich odvráti svoju tvár.

Prečo teda existuje choroba a utrpenie z choroby? Znamená

to, že Boh Stvoriteľ stvoril choroby v čase stvorenia sveta, aby človek žil v nebezpečenstve choroby? Boh Stvoriteľ stvoril človeka a v celom vesmíre riadi všetko v dobrote, spravodlivosti a láske.

Po vytvorení najvhodnejšieho životného prostredia, v ktorom by človek mohol žiť (Gn 1, 3-25), Boh stvoril človeka na svoj obraz, požehnal ho a dal mu úplnú slobodu a moc.

S postupom času sa ľudia tešili Bohom danému požehnaniu, pretože poslúchali Jeho príkazy a žili v raji Edenu, kde neboli žiadne slzy, smútok, utrpenie ani choroby. Keď Boh videl, že všetko, čo stvoril, bolo veľmi dobré (Gn 1, 31), vydal jeden zákaz: *„Zo všetkých stromov raja môžeš jesť. Zo stromu poznania dobra a zla však nejedz! Lebo v deň, keď by si z neho jedol, istotne zomrieš"* (Gn 2, 16-17).

Ale keď ľstivý had videl, že ľudia si nevryli Boží zákaz do svojej mysle, ale namiesto toho ho zanedbávali, had pokúšal Evu, manželku prvého stvoreného človeka. Keď Adam a Eva jedli ovocie zo stromu poznania dobra a zla a zhrešili (Gn 3, 1-6), podľa Božieho varovania do človeka vstúpila smrť (Rim 6, 23).

Po spáchaní hriechu neposlušnosti, a keď človek dostal mzdu za hriech a čelil smrti, duch v človeku – jeho pán – tiež zomrel a spoločenstvo medzi človekom a Bohom prestalo existovať. Boli vyhnaní z raja Edenu a začali žiť v slzách, smútku, utrpení, chorobe a smrti. Keďže na zemi bolo všetko prekliate, rástlo na nej mnoho tŕnia a bodliakov, a mohli jesť iba v pote čela. (Gn 3, 16-24).

To znamená, že príčinou choroby je dedičný hriech

spôsobený Adamovou neposlušnosťou. Keby Adam nespáchal voči Bohu hriech neposlušnosti, nebol by vyhnaný z raja Edenu, ale neustále by viedol zdravý život. Inými slovami, skrze jedného človeka sa každý človek stal hriešnikom a začal žiť v nebezpečenstve a utrpení zo všetkých druhov chorôb. Bez vyriešenia problému hriechu nikto nebude pred Bohom vyhlásený za spravodlivého tým, že pozná zákon (Rim 3, 20).

2. Slnko spravodlivosti, ktoré má na krídlach uzdravenie

Mal 4, 2 nám hovorí: *„Vám však, ktorí sa bojíte môjho mena, vyjde slnko spravodlivosti, ktoré má na krídlach uzdravenie. Vtedy vyjdete a budete poskakovať ako teliatka z maštale!"* „Slnko spravodlivosti" tu odkazuje na Mesiáša.

Boh sa zľutoval nad ľudstvom, ktoré kráčalo po ceste smrti a utrpenia z choroby, a vykúpil nás zo všetkých hriechov skrze Ježiša Krista, a to tak, že dovolil, aby bol ukrižovaný na kríži a prelial všetku Jeho krv. Preto každý, kto prijal Ježiša Krista, získal odpustenie hriechov a dosiahol spasenie, môže byť teraz voľný a žiť zdravý život. V dôsledku prekliatia všetkých vecí musel človek až do smrti žiť v nebezpečenstve z choroby, ale vďaka láske a milosti Boha sa teraz otvorila cesta k oslobodeniu z choroby.

Keď Božie deti odolajú hriechu až po preliatie krvi (Hebr 12, 4) a budú žiť podľa Jeho Slova, On ich bude chrániť očami, ktoré sú ako ohnivý plameň a ochráni ich ohnivou stenou Ducha Svätého, aby do ich tela nikdy neprenikol zo vzduchu žiadny jed. Aj keď človek ochorie, keď činí pokánie a odvráti sa od svojich ciest, Boh zničí chorobu a vylieči postihnuté časti. Toto je uzdravenie „slnkom spravodlivosti."

Moderná medicína vyvinula ultrafialovú terapiu, ktorá je dnes široko používaná na prevenciu a liečbu rôznych chorôb. Ultrafialové lúče sú veľmi efektívne pri dezinfekcii a v tele spôsobujú chemické zmeny. Táto liečba môže zničiť asi 99% baktérií hrubého čreva, záškrtu a baktérií dyzentérie, a tiež je účinná pri tuberkulóze, krivici, anémii, reumatizme a ochorení kože. Ale taká užitočná a účinná liečba ako ultrafialová terapia, nemôže byť použitá na všetky choroby.

Iba „slnko spravodlivosti, ktoré má na krídlach uzdravenie" zaznamenané v Písme, je lúčom sily, ktorá môže uzdraviť všetky choroby. Lúče z tohto slnka spravodlivosti môžu byť použité na uzdravenie všetkých druhov chorôb, a pretože môžu byť aplikované na všetkých ľudí, spôsob, akým Boh uzdravuje, je naozaj jednoduchý, ale dokonalý a v podstate najlepší.

Chvíľu po založení mojej cirkvi bol ku mne na nosidlách prinesený pacient na pokraji smrti, ktorý trpel neznesiteľnou bolesťou z ochrnutia a rakoviny. Nebol schopný rozprávať, pretože mal stuhnutý jazyk a nebol schopný sa hýbať, pretože celé jeho telo bolo ochrnuté. Vzhľadom k tomu, že lekári boli bezmocní, manželka pacienta, ktorá verila v Božiu moc, prinútila manžela, aby Mu všetko odovzdal. Po uvedomení si, že jediný spôsob prežitia je pevne sa držať Boha a prosiť Ho, pacient sa snažil vzdávať chvály, aj napriek tomu, že iba ležal a jeho manželka sa tiež s vierou a láskou horlivo modlila. Keď som videl vieru týchto dvoch ľudí, úprimne som sa za neho modlil. Čoskoro na to sa muž, ktorý predtým prenasledoval svoju manželku kvôli viere v Ježiša, začal kajať rozpoltením svojho srdca a Boh zoslal lúč uzdravenia. Spálil postihnutú časti tela muža ohňom Ducha Svätého a očistil ho. Aleluja! Keďže príčina choroby bola spálená, muž začal čoskoro chodiť a behať, a znova bol zdravý. Je zbytočné opisovať, ako sa radovali a vzdávali Bohu slávu členovia Manminskej cirkvi pri zažití tohto úžasného diela Božieho uzdravenia.

3. Pre vás, ktorí ctíte Moje meno

Náš Boh je všemohúci Boh, ktorý Jeho Slovom stvoril všetko vo vesmíre a z prachu stvoril človeka. Pretože tento Boh sa stal naším Otcom, aj keď ochorieme a úplne sa Mu s vierou odovzdáme, On uvidí a spozná našu vieru a rád nás uzdraví. Na liečení v nemocnici nie je nič zlé, ale Boh nachádza zaľúbenie v deťoch, ktoré veria v Jeho vševedúcnosť a všemohúcnosť, horlivo k Nemu volajú, dosiahnu uzdravenie a vzdávajú Mu chvály.

V 2 Kr 20, 1-11 je príbeh Ezechiáša, júdskeho kráľa, ktorý ochorel, keď Asýria napadla jeho kráľovstvo, ale získal úplné uzdravenie tri dni potom, čo sa modlil k Bohu a jeho život bol predĺžený o pätnásť rokov.

Prostredníctvom proroka Izaiáša Boh hovorí Ezechiášovi:

„Usporiadaj si dom, lebo zomrieš a nebudeš žiť!" (2 Kr 20, 1; Iz 38, 1). Inými slovami, Ezechiáš dostal trest smrti, v ktorom mu bolo povedané, aby sa pripravil na smrť a usporiadal veci pre kráľovstvo a rodinu. Ale Ezechiáš sa hneď otočil tvárou k stene a modlil sa k Pánovi (2 Kr 20, 2). Kráľ si uvedomil, že choroba bola dôsledkom jeho vzťahu s Bohom, všetko nechal bokom a rozhodol sa modliť.

Ako sa Ezechiáš so slzami v očiach vrúcne modlil k Bohu, Boh odpovedal kráľovi a prisľúbil mu: *„Počul som tvoju modlitbu, videl som tvoje slzy; hľa, pridám k tvojim dňom pätnásť rokov. A vytrhnem teba i toto mesta z rúk asýrskeho kráľa a budem toto mesto zastávať"* (Iz 38, 5-6). Môžeme tiež predpokladať, ako vrúcne a horlivo sa Ezechiáš musel modliť, keď mu Boh povedal: „Počul som tvoju modlitbu, videl som tvoje slzy."

Boh, ktorý odpovedal na Ezechiášovu prosbu, úplne uzdravil kráľa, aby o tri dni neskôr mohol ísť do Božieho chrámu. Okrem toho, Boh predĺžil Ezechiášov život o pätnásť rokov a po zvyšok Ezechiášovho života ochraňoval Jeruzalem pred hrozbou Asýrie.

Keďže Ezechiáš dobre vedel, že život a smrť človeka patria pod Božiu zvrchovanosť, modlitba k Bohu bola pre neho najdôležitejšia. Boh bol potešený pokorným srdcom a vierou Ezechiáša, kráľovi prisľúbil uzdravenie, a keď Ezechiáš hľadal znamenie jeho uzdravenia, On dokonca vrátil tieň na Acházových slnečných hodinách o desať stupňov. (2 Kr 20, 11). Náš Boh je Bohom uzdravenia a veľmi láskavý Otec, ktorý dáva tým, ktorí Ho hľadajú.

Na druhej strane v 2 Krn 16, 12-13 nájdeme: *"V tridsiatom deviatom roku svojho kraľovania Asa ochorel na nohy. Jeho choroba bola veľmi ťažká, ale ani vo svojej chorobe nevyhľadával Pána, ale lekárov. Potom sa Asa uložil k svojim otcom a zomrel v štyridsiatom prvom roku svojho kraľovania."* Keď pôvodne nastúpil na trón: *"Asa robil, čo sa páči Pánovi, ako jeho otec Dávid"* (1 Kr 15, 11). Spočiatku bol múdrym vladárom, ale ako postupne strácal vieru v Boha a začal sa viac spoliehať na človeka, kráľ nemohol dostať Božiu pomoc.

Keď Bása, kráľ Izraela, napadol Júdeu, Asa sa spoliehal na Benhadada, aramejského kráľa, a nie na Boha. Preto za Asom prišiel veštec Hanani, ale on sa neodvrátil od svojich ciest a namiesto toho uväznil veštca a zbil vlastný ľud (2 Krn 16, 7-10).

Predtým, než sa Asa začal spoliehať na aramejského kráľa, Boh zasiahol aramejskú armádu, aby nemohla napadnúť Júdeu. Odkedy sa Asa spoliehal na aramejského kráľa namiesto jeho Boha, judský kráľ už od Neho nemohol dostať žiadnu pomoc. Navyše, nemohol byť spokojný s Asom, ktorý vyhľadával pomoc lekárov, namiesto Božej pomoci. To je dôvod, prečo Asa zomrel dva roky potom, čo bol zasiahnutý chorobou nôh. Aj keď Asa vyznával vieru v Boha, pretože nevykonával žiadne skutky a nevolal k Bohu, všemohúci Boh nemohol pre kráľa nič urobiť.

Lúč uzdravenia nášho Boha môže vyliečiť všetky druhy chorôb, a tak ochrnutý môže vstať a chodiť, slepí môžu vidieť, hluchí počuť a mŕtvi ožiť. Pretože Boh Lekár má neobmedzenú moc, závažnosť choroby nie je dôležitá. Či ide o chorobu, ktorá je rovnako malá ako prechladnutie, alebo chorobu, ktorá je rovnako závažná ako rakovina, pre Boha Lekára je to všetko rovnaké. Dôležitejším je druh srdca, s ktorým pred Boha prichádzame: či je také ako Asove, alebo ako Ezechiášove.

V mene nášho Pána sa modlím, aby ste prijali Ježiša Krista, dostali odpoveď na problém hriechu, boli vierou považovaní za spravodlivých, zapáčili sa Bohu pokorným srdcom a vierou sprevádzanou skutkami, ako boli Ezechiášove, získali uzdravenie akýchkoľvek a všetkých chorôb a vždy viedli zdravý život!

Kapitola 2

Chcete sa uzdraviť?

„Bol tam aj istý človek,
chorý už tridsaťosem rokov.
Keď ho tam videl Ježiš ležať a zvedel,
že je už dlho chorý, povedal mu:
‚Chceš ozdravieť?'"

Jn 5, 5-6

1. Chcete sa uzdraviť?

Existuje mnoho rôznych prípadov ľudí, ktorí predtým Boha nepoznali, hľadajú Ho a prichádzajú pred Neho. Niektorí k Nemu prídu, pretože nasledujú vlastné dobré svedomie, zatiaľ čo iní ľudia sa s Ním stretnú vďaka evanjelizácii. A ďalší nachádzajú Boha potom, čo zažili skepticizmus v živote cez neúspechy v podnikaní alebo rodinný svár. Ešte ďalší pred Neho prichádzajú s naliehavým srdcom po trpení neznesiteľnou fyzickou bolesťou alebo zo strachu zo smrti.

Tak, ako urobil chorý človek, ktorý tridsaťosem rokov trpel bolesťou, pri rybníku s názvom Betsaida, aby ste úplne odovzdali svoju chorobu Bohu a získali uzdravenie, najviac zo všetkého musíte túžiť po uzdravení.

V Jeruzaleme pri Ovčej bráne bol rybník, ktorý sa v hebrejčine nazýval „Betsaida." Pri ňom bolo päť stĺporadí, v ktorých ležali slepí, chromí a ochrnutí, pretože legenda hovorí, že z času na čas Boží anjel zostupoval a rozvíril vodu. A ten, kto prvý vošiel do zvírenej vody rybníka, ktorého meno znamenalo „Dom milosrdenstva", bol uzdravený, čo by ho bola trápila akákoľvek choroba..

Keď Ježiš uvidel chorého človeka, ktorý už tridsiatosem rokov ležal pri rybníku a vediac, ako dlho človek trpel, spýtal sa ho: „Chceš ozdravieť?" Chorý mu odpovedal: *„Pane, nemám človeka, čo by ma spustil do rybníka, keď sa zvíri voda. A kým sa ta sám dostanem, iný ma predíde"* (Jn 5, 7). Týmto sa tento človek Pánovi priznal, že aj keď po uzdravení úprimne túžil, nemohol sám prísť. Náš Pán videl srdce človeka a povedal mu: *„Vstaň, vezmi si lôžko a choď!"* a ten človek hneď ozdravel; vzal si lôžko a chodil (Jn 5, 8).

2. Musíte prijať Ježiša Krista

Keď sa človek, ktorý bol tridsaťosem rokov chorý, stretol s Ježišom Kristom, ihneď získal uzdravenie.. Keďže uveril v Ježiša Krista, zdroj pravého života, boli mu odpustené všetky hriechy a bol uzdravený z jeho choroby.

Cítite zo svojej choroby úzkosť? Ak trpíte chorobou a chcete predstúpiť pred Boha a byť uzdravení, najprv musíte prijať Ježiša Krista, stať sa Božím dieťaťom a získať odpustenie, aby ste odstránili všetky prekážky medzi vami a Bohom. Potom musíte veriť, že Boh je vševedúci a všemohúci, a môže robiť akékoľvek zázraky. Tiež musíte veriť, že sme boli vykúpení zo všetkých našich chorôb Ježišovými ranami, a že keď hľadáte v mene Ježiša Krista, budete uzdravení.

Ak prosíme s týmto druhom viery, Boh vypočuje našu modlitbu viery a uskutoční dielo uzdravenia. Bez ohľadu na to, aká stará alebo kritická je vaša choroba, určite odovzdajte všetky vaše problémy z choroby Bohu, pamätajúc, že v okamihu sa môžete stať znovu celými, keď vás uzdraví Božia moc.

Keď sa v Mk 2, 3-12 ochrnutý človek prvýkrát dopočul, že Ježiš prišiel do Kafarnauma, chcel ísť za ním. Pri počúvaní správ o tom, že Ježiš uzdravuje ľudí z rôznych chorôb, vyháňa zlých duchov a lieči malomocných, ochrnutý človek si pomyslel, že ak uverí, aj on môže byť uzdravený. Keď si tento ochrnutý človek uvedomil, že sa kvôli veľkému davu zhromaždených ľudí nebude môcť dostať bližšie k Ježišovi, s pomocou priateľov odkryli strechu domu, v ktorom bol Ježiš a lôžko, na ktorom ležal ochrnutý, spustili pred Ježiša.

Viete si predstaviť, ako veľmi musel ochrnutý túžiť predstúpiť pred Ježiša, ak urobil toto? Ako zareagoval Ježiš, keď ochrnutý, ktorý nebol schopný ísť z miesta na miesto a kvôli davu sa nemohol pohnúť, ukázal vieru a obetavú oddanosť s pomocou priateľov? Ježiš nevyhrešil ochrnutého za jeho nevychované správanie, ale namiesto toho mu povedal: „Synu, tvoje hriechy sú odpustené," a dovolil mu hneď vstať a chodiť.

V Prís 8, 17 nám Boh hovorí: *„Ja svojich milovníkov milujem, nachádzajú ma tí, čo ma včas a pilne hľadajú."* Ak sa chcete zbaviť úzkosti z choroby, najprv musíte úprimne po uzdravení túžiť, veriť v Božiu moc, ktorá môže vyriešiť problém choroby a prijať Ježiša Krista.

3. Musíte zničiť múr hriechu

Bez ohľadu na to, ako veľmi veríte, že môžete byť uzdravený Božou mocou, Boh vo vás nemôže konať, ak je medzi vami a Ním múr hriechu.

To je dôvod, prečo nám v Iz 1, 15-17 Boh hovorí: *„Aj keď rozprestierate dlane, odvrátim oči od vás; a keď aj hromadíte* *modlitby, ja ich nevyslyším, veď vaše ruky sú plné krvi. Obmyte, očistite sa, odstráňte mi spred očí zlobu svojich skutkov, prestaňte robiť zlo! Učte sa robiť dobro, domáhajte sa práva, pomôžte utláčanému, vymôžte právo sirote, obhajujte vdovu!"* a potom v nasledujúcom verši 18 sľubuje: *„Poďte, pravoťme sa! – hovorí Pán. Ak budú vaše hriechy sťa šarlát, budú obielené ako sneh, ak sa budú červenať sťa purpur, budú ako vlna (biele)."*

V Iz 59, 1-3 tiež nachádzame:.

> *Hľa, Pánova ruka nie je prikrátka, žeby nezachránil, a jeho ucho nie je zaľahnuté, žeby nepočul! Ale vaše hriechy sú priehradou medzi vami a vaším Bohom a vaše viny zakryli jeho tvár pred vami, že nečuje. Vaše ruky sú poškvrnené krvou a vaše prsty hriechom, vaše pery hovoria lož, váš jazyk vraví neprávosť.*

Ľudia, ktorí nepoznajú Boha, neprijali Ježiša Krista, a vedú život podľa vlastnej vôle, si neuvedomujú, že sú hriešnici. Keď ľudia prijmu Ježiša Krista za svojho Spasiteľa a dostanú dar Ducha Svätého, Duch Svätý ukáže svetu, čo je hriech, čo spravodlivosť a čo súd a uvedomia si a vyznajú, že sú hriešnici (Jn 16, 8-11).

Avšak, pretože existujú prípady, kedy ľudia nevedia podrobne, čo je hriech, a preto sa nemôžu zbaviť hriechu a zla v nich a získať odpovede od Boha, najprv sa musia dozvedieť, čo je hriech v Jeho očiach. Pretože všetky choroby a ochorenia pochádzajú z hriechu, len keď sa pozriete do seba a zničíte múr hriechu, zažijete rýchle dielo uzdravenia.

Poďme sa ponoriť do toho, o čom nám Písmo hovorí, že je hriech a ako máme zničiť múr hriechu.

1) Musíte konať pokánie, ak ste neverili v Boha a neprijali Ježiša Krista

Biblia nám hovorí, že naša nevera v Boha a neprijatie Ježiša Krista za svojho Spasiteľa, je hriech (Jn 16, 9). Mnohí neveriaci hovoria, že vedú dobrý život. Ale títo ľudia to nemôžu vedieť, pretože nepoznajú Slovo pravdy – Božie svetlo – a nie sú schopní rozlíšiť správne od nesprávneho.

Aj keď si je človek istý, že viedol dobrý život, keď sa jeho život odrazí v pravde, ktorou je Slovo všemohúceho Boha, ktorý stvoril všetko vo vesmíre a riadi život, smrť, prekliatie a požehnanie, vyjde na povrch veľa neprávosti a nepravdy. Preto Biblia hovorí: *„Nik nie je spravodlivý,"* (Rim 3, 10) a ďalej: *„Lebo zo skutkov podľa zákona nebude pred nim ospravedlnený nijaký človek. Veď len zo zákona je poznanie hriechu"* (Rim 3, 20).

Ak ste sa kajali z toho, že ste neverili v Boha a neprijali Ježiša Krista, a prijmete Ježiša Krista a stanete sa Božím dieťaťom, všemohúci Boh sa stane vaším Otcom a budete dostávať odpovede na akúkoľvek chorobu.

2) Musíte konať pokánie, ak ste nemilovali svojich bratov

Biblia nám hovorí: *„Milovaní, keď nás Boh tak miluje, aj my* *sme povinní milovať jeden druhého"* (1 Jn 4, 11). Tiež nám pripomína, že máme milovať aj svojich nepriateľov (Mt 5, 44). Ak nenávidíme svojich bratov, neposlúchame Božie Slovo, a tak páchame hriech.

Pretože Ježiš dokázal svoju lásku k ľudstvu, ktoré prebývalo v hriechu a zlu tým, že bol ukrižovaný na kríži, je len správne, že máme milovať rodičov, deti a súrodencov. V Božích očiach nie je správne nenávidieť a nedokázať odpustiť kvôli vzájomným zanedbateľným a sebeckým citom a vzájomnému nedorozumeniu.

V Mt 18, 23-35 nám Ježiš hovorí nasledujúce podobenstvo:

Preto sa nebeské kráľovstvo podobá kráľovi, ktorý sa rozhodol vyúčtovať so svojimi sluhami. Keď začal účtovať, priviedli mu jedného, ktorý bol dlžen desaťtisíc talentov. Ale pretože nemal skadiaľ vrátiť, pán rozkázal predať jeho aj jeho ženu aj deti i všetko, čo mal, a dlh splatiť. Vtedy mu sluha padol k nohám a na kolenách ho prosil: „Pozhovej mi a všetko ti vrátim." A pán sa nad sluhom zľutoval, prepustil ho a odpustil mu aj dlžobu. No len čo ten sluha vyšiel, stretol sa so svojím spolusluhom, ktorý mu dlhoval sto denárov. Chytil ho pod krk a kričal: „Vráť, čo mi dlhuješ!" Jeho spolusluha mu padol k nohám a prosil ho: „Pozhovej mi a dlžobu ti splatím." On však nechcel, ale odišiel a vrhol ho do žalára, kým dlh nesplatí. Keď jeho spolusluhovia videli, čo sa stalo, veľmi sa zarmútili. Išli a rozpovedali svojmu pánovi všetko, čo sa stalo. A tak si ho pán predvolal a povedal mu: „Zlý sluha, ja som ti odpustil celú dlžobu, pretože si ma prosil. Nemal si sa teda aj ty zľutovať nad svojím spolusluhom, ako som sa ja zľutoval nad tebou?" A rozhnevaný pán ho vydal mučiteľom, kým nesplatí celú dlžobu. Tak aj môj nebeský Otec urobí vám, ak neodpustíte zo srdca každý svojmu bratovi."

Aj keď sme dostali odpustenie a milosť od nášho Boha Otca, sme neschopní alebo neochotní prijať chyby a nedostatky našich bratov, ale namiesto toho sa prikláňame k súpereniu, vytváraniu nepriateľstva, pohoršeniu a k vzájomnej provokácii?

Boh nám hovorí: *„Každý, kto nenávidí svojho brata, je vrah. A viete, že ani jeden vrah nemá v sebe večný život"* (1 Jn 3, 15), *„Tak aj môj nebeský Otec urobí vám, ak neodpustíte zo srdca každý svojmu bratovi"* (Mt 18, 35) a vyzýva nás: *„Nesťažujte sa, bratia, jeden na druhého, aby ste neboli odsúdení. Hľa, sudca stojí predo dvermi"* (Jak 5, 9).

Musíme si uvedomiť, že ak sme nemilovali našich bratov, ale namiesto toho ich nenávideli, potom aj my sme zhrešili a nebudeme naplnení Duchom Svätým, ale ponesieme následky. Preto, aj keď nás naši bratia nenávidia a sklamú, nemali by sme ich na oplátku nenávidieť a sklamať, ale riadiť naše srdce pravdy, pochopiť ich a odpustiť im. Naše srdce musí byť schopné ponúknuť modlitbu lásky za týchto bratov a sestry. Ak sa s pomocou Ducha Svätého navzájom pochopíme, odpustíme si a budeme sa milovať, Boh nám tiež ukáže Jeho súcit a milosrdenstvo a uskutoční dielo uzdravenia.

3) Musíte konať pokánie, ak ste sa modlili s chamtivosťou
Keď Ježiš uzdravil chlapca posadnutého duchom, Jeho učeníci sa ho spýtali: *„Prečo sme ho nemohli vyhnať my?"* (Mk 9, 28) Ježiš im povedal: *„Tento druh nemožno vyhnať ničím, iba modlitbou"* (Mk 9, 29).

Aby bolo možné získať uzdravenie určitej miery, musia byť tiež ponúknuté modlitby a prosby. Ale modlitby za vlastné záujmy nebudú vyslyšané, pretože Boh v nich nemá záľubu. Boh nám prikázal: *„Či teda jete, či pijete, či čokoľvek iné robíte, všetko robte na Božiu slávu"* (1 Kor 10, 31). Preto cieľ nášho učenia a dosiahnutie slávy alebo moci musia byť na slávu Boha. V Jak 4, 2-3 nájdeme: *„Žiadostiví ste, a nemáte. Vraždíte a závidíte, a nemôžete nič dosiahnuť. Hádate sa a bojujete. Nič nemáte, lebo neprosíte. Prosíte, a nedostávate, lebo zle prosíte; chcete to využiť na svoje náruživosti."*

Prosiť o uzdravenie v záujme zachovania zdravého života je na slávu Boha, a ak o to prosíte, dostanete odpoveď. Ale ak nezískate uzdravenie, aj keď o to prosíte, je to preto, lebo možno chcete niečo, čo nie je v pravde správne, aj keď vám Boh chce mnohokrát dať aj väčšie veci.

Aká modlitba potešuje Boha? Ako nám hovorí Ježiš v Mt 6, 33: *„Hľadajte teda najprv Božie kráľovstvo a jeho spravodlivosť a toto všetko dostanete navyše,"* namiesto starostí o jedlo, oblečenie, a podobne, musíme najprv potešiť Boha ponúkaním modlitby za Jeho kráľovstvo a spravodlivosť, a za evanjelizáciu a posvätenie. Až potom Boh odpovie na túžby vášho srdca a úplne vás z vašej choroby uzdraví.

4) Musíte konať pokánie, ak ste sa modlili s pochybnosťami
Boh je potešený modlitbou, ktorá dokazuje vieru človeka. O tomto v Hebr 11, 6 nájdeme: „*Bez viery je totiž nemožné páčiť sa Bohu. Lebo kto prichádza k Bohu, musí veriť, že je a že odmieňa tých, čo ho hľadajú.*" Z rovnakého dôvodu nám Jak 1, 6-7 pripomína: „*Ale nech prosí s vierou, bez pochybovania. Lebo kto pochybuje, podobá sa morskej vlne, hnanej a zmietanej vetrom. Taký človek nech sa nenazdáva, že dostane niečo od Pána.*"

Modlitby ponúknuté s pochybnosťami, dokazujú neveru človeka vo všemohúceho Boha, potupením Jeho sily a označením Ho za nekompetentného Boha. Ihneď musíte oľutovať tak, ako predkovia viery a usilovne a vrúcne sa modliť za získanie viery, ktorou môžete vo svojom srdci veriť.

Mnohokrát v Biblii vidíme, že Ježiš miloval tých, ktorí mali veľkú vieru, vybral si ich za Jeho pracovníkov a cez nich a s nimi vykonával svoju službu. Keď ľudia neboli schopní ukázať svoju vieru, Ježiš karhal dokonca aj svojich učeníkov kvôli malej viere (Mt 8, 23-27), ale ľudí s veľkou vierou pochválil a miloval, aj keď boli pohanmi (Mt 8, 10).

Ako sa modlíte a aký druh viery máte?

V Mt 8, 5-13 prišiel k Ježišovi stotník a prosil ho o uzdravenie jedného z jeho sluhov, ktorý ležal doma nevládny a ukrutne trpel. Keď Ježiš povedal stotníkovi: *„Prídem a uzdravím ho"* (v 7). Stotník odpovedal: *„Pane, nie som hoden, aby si vošiel pod moju strechu, ale povedz iba slovo a môj sluha ozdravie"* (v 8) a Ježišovi ukázal jeho veľkú vieru. Keď Ježiš počul, čo stotník povedal, bol veľmi rád a pochválil ho. *„Veru, hovorím vám: Takú vieru som nenašiel u nikoho v Izraeli"* (v 10). A v tú hodinu jeho sluha ozdravel.

V Mk 5, 21-43 je zaznamenaný príklad úžasného diela uzdravenia. Keď bol Ježiš pri mori, prišiel za Ním jeden z predstavených synagógy menom Jairus a padol Mu k nohám. Jairus prosil Ježiša: *„Dcérka mi umiera. Poď, vlož na ňu ruky, aby ozdravela a žila"* (v 23).

Keď Ježiš išiel s Jairusom, prišla k Nemu žena, ktorá už dvanásť rokov trpela na krvotok. V starostlivosti mnohých lekárov si mnoho vytrpela a minula všetko, čo mala, ale jej stav sa zhoršil.

Žena počula, že Ježiš bol nedaleko, prišla k Nemu a uprostred davu, ktorý nasledoval Ježiša, sa dotkla Jeho plášťa. Pretože táto ženy verila: *„Ak sa dotknem čo i len jeho odevu, ozdraviem,"* (v 28) keď položila ruku na Ježišov plášť, ihneď prestala krvácať a pocítila, že bola z choroby uzdravená. Ježiš hneď poznal, že z neho vyšla sila. Obrátil sa k zástupu a spýtal sa: *„Kto sa to dotkol mojich šiat?"* (v 30) Keď žena povedala pravdu, Ježiš jej odpovedal: *„Dcéra, tvoja viera ťa uzdravila. Choď v pokoji a buď uzdravená zo svojej choroby"* (v 34). Okrem požehnania zdravia žena získala aj spasenie.

Vtedy prišli ľudia z Jairusovho domu a povedali: *„Tvoja dcéra je mŕtva"* (v 35). Ježiš povedal Jairusovi: *„Neboj sa, len ver!"* (v 36) a pokračoval na ceste k Jairusovmu domu. Tam Ježiš povedal ľuďom: *„Dievča neumrelo, ale spí,"* (v 39) a dievčaťu povedal: *„Talitha kum!"* (čo v preklade znamená: *„Dievča, hovorím ti, vstaň!"*) (v 41) Dievča vstalo a začalo hneď chodiť.

Verte, že ak prosíte s vierou, aj závažné ochorenie môže byť vyliečené a mŕtvy môže byť vzkriesený. Ak ste sa až doteraz modlili s pochybnosťami, kajajte sa z tohoto hriechu a získate uzdravenie a silu.

5) Musíte konať pokánie, ak ste neposlúchali Božie príkazy

V Jn 14, 21 nám Ježiš hovorí: *„Kto má moje prikázania a zachováva ich, ten ma miluje. A kto miluje mňa, toho bude milovať môj Otec; aj ja ho budem milovať a zjavím mu seba samého."* V 1 Jn 3, 21-22 nám tiež pripomína: *„Milovaní, ak nám srdce nič nevyčíta, máme dôveru k Bohu a dostaneme od neho všetko, o čo len budeme prosiť, lebo zachovávame jeho prikázania a robíme, čo sa jemu páči."* Hriešnik nemôže byť pred Bohom sebaistý. Ale ak sú naše srdcia čestné a bezchybné pri porovnaní so Slovom pravdy, môžeme smelo prosiť Boha o čokoľvek.

Preto, ako veriaci v Boha musíte sa naučiť a pochopiť desatoro Božích prikázaní, ktoré slúžia ako stručný výťah zo šesťdesiatich šiestich kníh Biblie a zistiť, aká veľká časť vášho života s nimi nie je v súlade.

I. Uprednostňoval som v srdci iných bohov ako Boha?

II. Urobil som si idoly z môjho majetku, detí, zdravia, podnikania, a podobne, a klaňal sa im?

III. Bral som niekedy meno Božie nadarmo?

IV. Svätil som vždy Pánov deň?

V. Vždy som ctil svojich rodičov?

VI. Dopustil som sa niekedy fyzickej alebo duchovnej vraždy nenávidením bratov a sestier alebo som ich prinútil, aby spáchali hriech?

VII. Dopustil som sa niekedy cudzoložstva, a to aj vo svojom srdci?

VIII. Kradol som niekedy?

IX. Svedčil som falošne voči svojim blížnym?

X. Vyhľadával som niekedy majetok svojho blížneho?

Okrem toho, musíte sa tiež obzrieť a zistiť, či ste dodržiavali Boží príkaz milovať blížnych ako seba samého. Keď dodržiavate Božie príkazy a prosíte Ho, Boh uzdraví akékoľvek a všetky choroby.

6) Musíte konať pokánie, ak ste nesiali v Bohu
Keďže Boh riadi všetko vo vesmíre, ustanovil súbor zákonov o duchovnom svete, a ako spravodlivý sudca všetko zodpovedajúcim spôsobom vedie a riadi.

V Dan 6 sa kráľ Dárius nachádzal v ťažkej situácii, keď nemohol zachrániť svojho milovaného sluhu Daniela z levovej jamy, aj keď bol kráľom. Pretože vydal rozkaz s vlastným podpisom, Dárius nemohol nepočúvnuť zákon, ktorý sám zaviedol. Ak by kráľ ako prvý ohýbal pravidlo a porušil zákon, kto by ho strážil a slúžil mu? To je dôvod, prečo Dárius nemohol nič robiť, ani keď mal byť jeho milovaný sluha Daniel hodený do levovej jamy kvôli spiknutiu zlých mužov.

Z rovnakého dôvodu, keďže Boh neohýba pravidlá a neporušuje zákon, ktorý On sám ustanovil, všetko vo vesmíre je riadené v presnom poradí podľa Jeho zvrchovanosti. To je dôvod nasledujúceho: *„Nemýľte sa: Boh sa vysmievať nedá. Čo človek zaseje, to bude aj žať"* (Gal 6, 7).

Do akej miery sejete v modlitbe, do takej miery dostanete odpovede a budete duchovne rásť, a vaša vnútorná bytosť bude posilnená a váš duch bude obnovený. Ak ste boli chorí alebo slabí, ale teraz sejete váš čas do vašej lásky k Bohu usilovným zúčastňovaním sa všetkých bohoslužieb, dostanete požehnanie zdravia a neomylne budete cítiť, ako sa vaše telo mení. Ak ste zasiali v Bohu bohatstvo, On vás ochráni pred skúškami a tiež vás požehná ešte väčším bohatstvom.

Ak pochopíte, aké dôležité je siať v Bohu, a ak odhodíte nádeje pre tento svet, ktoré sa rozpadnú a pominú, a namiesto toho si začnete pravou vierou hromadiť odmeny v nebi, všemohúci Boh vás povedie k zdravému životu za všetkých okolností.

S Božím Slovom sme zatiaľ preskúmali, čo spôsobuje múr medzi Bohom a človekom, a prečo žijeme v úzkosti z choroby. Ak ste doteraz neverili v Boha a trpíte chorobou, prijmite Ježiša za svojho Spasiteľa a začnite život v Kristovi. Nebojte sa tých, ktorí môžu zabiť telo. Namiesto toho sa bojte toho, ktorý môže odsúdiť telo i ducha na život v pekle, strážte si vieru v Boha spásy pred prenasledovaním rodičmi, súrodencami, partnermi, svokrovcami, a podobne. Keď Boh uzná vašu vieru, On bude pracovať vo váš prospech a môžete získať milosť uzdravenia.

Ak ste veriaci, ale trpíte chorobou, pozrite sa do seba, aby ste zistili, či sú vo vás nejaké zvyšky zla, ako je nenávisť, žiarlivosť, závisť a neprávosť, špina, nenásytnosť, zlý motív, vražda, spor, klebety, ohováranie, hrdosť, a podobne. Modlitbou k Bohu a získaním odpustenia vďaka Jeho súcitu a milosrdenstvu, dostanete aj odpoveď na problém vašej choroby.

Mnoho ľudí sa snaží s Bohom vyjednávať. Hovoria, že ak Boh najprv vylieči ich choroby a ochorenia, uveria v Ježiša a budú Ho správne nasledovať. Ale pretože Boh pozná srdce každého človeka, iba ak sa ľudia očistia duchovne, uzdraví každého z nich z telesných chorôb.

V mene nášho Pána sa modlím, aby ste pochopili, že myšlienky človeka a myšlienky Boha sú odlišné, a najprv počúvali Božiu vôľu, aby sa vášmu duchu darilo, keď získate požehnanie uzdravenia z choroby!

Kapitola 3

Boh Lekár

„Ak budeš počúvať hlas Pána,
svojho Boha, a budeš robiť to, čo je v jeho očiach správne,
a poslúchneš všetky jeho rozkazy
a zachováš všetky jeho ustanovenia,
potom ťa nezastihnem takými biedami,
akými som postihol Egypťanov,
lebo ja, Pán, som tvoj lekár."

Ex 15, 26

1. Prečo človek ochorie?

Aj keď Boh Lekár chce, aby všetky Jeho deti viedli zdravý život, mnoho z nich trpí bolesťou z choroby, neschopní vyriešiť problém tejto choroby. Rovnako ako má každý výsledok príčinu, aj každá choroba má príčinu. Keďže každá choroba môže byť rýchlo vyliečená, akonáhle sa určí jej príčina, všetci tí, ktorí chcú získať uzdravenie, musia najprv určiť príčinu ich choroby. S Božím Slovom Ex 15, 26 sa budeme venovať príčinám choroby, a tiež spôsobom, ktorými môžeme byť od choroby oslobodení a žiť zdravý život.

„Pán" je meno určené pre Boha a znamená „SOM, KTORÝ SOM" (Ex 3, 14). Toto meno tiež znamená, že všetky ostatné bytosti podliehajú právomoci najúctivejšieho Boha. Pretože Boh na seba odkazuje ako na „Pána, ktorý ťa uzdravuje!" (Ex 15, 26), dozvedáme sa o láske Boha, ktorá nás oslobodzuje od utrpenia z choroby a o Božej moci, ktorá lieči chorobu.

V Ex 15, 26 nám Boh sľúbil: *„Ak budeš počúvať hlas Pána, svojho Boha, a budeš robiť to, čo je v jeho očiach správne, a poslúchneš všetky jeho rozkazy a zachováš všetky jeho ustanovenia, potom ťa nezastihnem takými biedami, akými som postihol Egypťanov, lebo ja, Pán, som tvoj lekár."* A preto, ak ste ochoreli, slúži to ako dôkaz toho, že ste nepočúvali pozorne Jeho hlas, neurobili ste to, čo je správne v Jeho očiach a nedbali ste na Jeho prikázania.

Pretože Božie deti sú príslušníkmi neba, musia dodržiavať zákon neba. Ale ak nebeskí príslušníci neposlúchajú nebeské zákony, Boh ich nemôže ochrániť, pretože hriech je bezprávie (1 Jn 3, 4). Potom do nich preniknú sily choroby, a tak neposlušné Božie deti trpia úzkosťou z choroby.

Pozrime sa podrobne na spôsoby, ktorými by sme mohli ochorieť, príčinu chorôb a ako môže moc Boha Lekára uzdraviť ľudí trpiacich chorobou.

2. Prípad, keď človek ochorie v dôsledku spáchania hriechu

Naprieč celou Bibliou nám Boh neustále hovorí, že príčinou choroby je hriech. Jn 5, 14 hovorí: *„Neskôr ho Ježiš našiel v chráme a povedal mu: ‚Hľa, ozdravel si, už nehreš, aby ťa nepostihlo niečo horšie.'"* Tento verš nám pripomína, že v prípade, že človek spácha hriech, mohol by ochorieť vážnejšou chorobou ako predtým, a tiež to, že ľudia čelia chorobe v dôsledku hriechu.

V Dt 7, 12-15 nám Boh sľúbil: *„Keď budeš počúvať tieto ustanovenia, a keď ich budeš zachovávať a plniť, Pán, tvoj Boh, ti zachová zmluvu a láskavosť, ktorú odprisahal tvojim otcom. Bude ťa milovať, bude ťa požehnávať a rozmnoží ťa; požehná plod tvojho života, plod tvojej zeme, tvoje obilie a tvoj mušt, tvoj olej, mláďatá tvojich kráv, jahňatá tvojich oviec v krajine, o ktorej prisahal tvojim otcom, že ju dá tebe. Budeš požehnaný nad všetky národy; nebude u teba neplodného ani neplodnej ani len u dobytka. Pán oddiali od teba každú* *chorobu a nedovolí, aby na teba doľahla nejaká hrozná egyptská bieda, ktoré poznáš, a dopustí ich na všetkých tvojich nepriateľov."* V ľuďoch, ktorí v sebe prechovávajú nenávisť, je zlo a hriech a takýto ľudia budú čeliť chorobám.

V Dt 28, známym ako „kapitola požehnania", nám Boh hovorí, aké druhy požehnania dostaneme, ak Ho úplne počúvame a starostlivo dodržiavame všetky Jeho ustanovenia. On tiež hovorí, aké druhy prekliatia nás postihnú a budú nás prenasledovať, ak nebudeme starostlivo dodržiavať všetky Jeho prikázania a ustanovenia.

Obzvlášť podrobne sú uvedené druhy chorôb, ktorým budeme čeliť, ak neuposlúchneme Boha. Sú to mor, suchoty, horúčka, zimnica, zápaly, páľava, nakazené povetrie a hrdza, „rany Egypta ... nádory, hnisajúce rany a svrbenie, z ktorých nemôžete byť uzdravení", bláznovstvo, slepota, šialenstvo a bolesť v kolenách a nohách z jedovatých vredov, ktoré nemôžu byť vyliečené, šíriacich sa od chodidiel až k temenu hlavy (Dt 28, 21-35).

Správnym pochopením, že príčinou choroby je hriech, ak ochoriete, musíte najprv oľutovať, že ste nežili podľa Božieho Slova a získať odpustenie. Akonáhle budete uzdravení tým, že žijete podľa Slova, nesmiete znovu hrešiť.

3. Prípad, keď človek ochorie, aj keď si myslí, že nezhrešil

Niektorí ľudia hovoria, že ochoreli, aj keď nezhrešili. Ale

Božie Slovo nám hovorí, že ak budeme robiť to, čo je v Božích očiach správne, ak budeme dodržiavať Jeho príkazy a všetky Jeho ustanovenia, potom Boh na nás nedopustí žiadnu chorobu. Ak sme ochoreli, musíme uznať, že niekde sme neurobili to, čo je správne v Jeho očiach a nedodržali sme Jeho ustanovenia.

Aký hriech teda spôsobuje choroby?

Ak človek použil zdravé telo, ktoré mu Boh dal, bez sebakontroly alebo nemravne, neuposlúchol Jeho príkazy, dopustil sa chýb alebo viedol neporiadny život, on sám zvyšuje riziko ochorenia. Do tejto kategórie chorôb patria tiež žalúdočné poruchy v dôsledku nadmerného alebo nepravidelného príjmu potravy, ochorenia pečene z neustáleho fajčenia a prijímania alkoholu a mnoho ďalších druhov chorôb z prepracovania ľudského tela.

Toto možno nie je hriechom z pohľadu človeka, ale v Božích očiach je to hriech. Nadmerná konzumácia je hriechom, pretože to poukazuje na chamtivosť a neschopnosť sebakontroly. Ak človek ochorel v dôsledku nepravidelného príjmu potravy, jeho hriechom nie je to, že neviedol život založený na pravidelnosti alebo nedodržiaval presný čas jedál, ale zneužívanie vlastného tela bez sebakontroly. Ak človek ochorel po konzumácii potravín, ktoré neboli dobre pripravené, jeho hriechom je netrpezlivosť – nekonal podľa pravdy.

Ak človek používa nôž bezstarostne a pореže sa a rana sa zapáli, je to tiež výsledkom jeho hriechu. Ak by skutočne miloval Boha, Boh by vždy chránil tohto človeka pred nehodami. Aj keď sa dopustil chyby, Boh by sa postaral o východisko, a pretože pracuje pre dobro ľudí, ktorí Ho milujú, telo by nebolo zranené. Rany a zranenia by boli spôsobené tým, že konal rýchlo a necnostným spôsobom, čo nie je v Božích očiach spravodlivé, a preto by boli jeho skutky hriešne.

Rovnaké pravidlo platí pre fajčenie a požívanie alkoholu. Ak človek vie, že fajčenie zatemňuje myseľ, poškodzuje pľúca a spôsobuje rakovinu, ale aj napriek tomu nemôže prestať, a ak vie, že toxicita alkoholu škodí črevám a poškodzuje telesné orgány, ale aj napriek tomu nemôže prestať, sú to hriešne skutky. To poukazuje na neschopnosť ovládať sám seba a vlastnú nenásytnosť, nedostatok lásky k vlastnému telu a nenasledovania Božej vôle. Ako by to nemohlo byť hriechom?

Aj keď sme si neboli istí, či všetky choroby sú výsledkom hriechu, teraz po preskúmaní viacerých prípadov a ich porovnaní s Božím Slovom, už si tým môžeme byť istí. Vždy musíme počúvať a žiť podľa Jeho Slova, aby sme boli oslobodení od každej choroby. Inými slovami, keď robíme to, čo je správne v Jeho očiach, konáme podľa Jeho príkazov a dodržiavame všetky Jeho ustanovenia, On nás za každých okolností pred chorobami ochráni.

4. Choroby spôsobené neurózou a ďalšími duševnými poruchami

Štatistika hovorí, že počet ľudí trpiacich neurózou a ďalšími duševnými poruchami je na vzostupe. Ak sú ľudia trpezliví ako nás učí Božie Slovo, a ak si navzájom odpúšťajú, milujú sa a chápu v súlade s pravdou, od týchto chorôb môžu byť ľahko oslobodení. Ale v ich srdciach je ešte stále zlo a zlo im zakazuje žiť podľa Slova. Duševné trápenie ničí ďalšie časti tela a imunitný systém, a nakoniec vedie k chorobe. Keď žijeme podľa Slova, naše emócie nebudú zmiešané, nebudeme vznetliví a naša myseľ nebude podnecovaná.

Okolo nás sú ľudia, ktorí sa nezdajú byť zlí, ale dobrí, ale aj napriek tomu trpia týmto druhom chorôb. Pretože sú zdržanliví aj v prejavovaní bežných emócií, trpia oveľa závažnejšími chorobami ako tí, ktorí ventilujú svoj hnev a zlosť. Dobrota v pravde nie je utrpenie z konfliktu medzi kontrastnými emóciami; ale je to vzájomné pochopenie v odpustení a láske, a schopnosť sebaovládania a vytrvalosti.

Okrem toho, keď sa ľudia vedome dopustia hriechov, trpia duševnou chorobou z duševného utrpenia a ničenia. Keďže sa nesnažia o dobrotu, ale vnárajú sa hlbšie do zla, ich duševné utrpenie vytvára chorobu. Musíme vedieť, že neuróza a ďalšie duševné poruchy sú spôsobené nami samými v dôsledku vlastných nesprávnych a zlých spôsobov. Aj v takom prípade Boh lásky uzdraví všetkých tých, ktorí Ho hľadajú a chcú získať Jeho uzdravenie. Okrem toho im dá aj nádej na nebo a umožní im žiť v skutočnom šťastí a pohodlí.

5. Choroby spôsobené nepriateľom diablom sú tiež dôsledkom hriechu

Niektorí ľudia sú posadnutí diablom a trpia všetkými chorobami, ktoré na nich nepriateľ diabol uvalí. Je to preto, lebo opustili Božiu vôľu a sú ďaleko od pravdy. Dôvodom, prečo je tak veľa ľudí extrémne chorých, telesne postihnutých a posadnutých démonmi v rodinách, ktoré uctievali modly, je to, že Boh modloslužobníctvo veľmi nenávidí.

V Ex 20, 5-6 nachádzame: *„Nebudeš sa im klaňať, ani ich uctievať, lebo ja, Pán, tvoj Boh, som žiarlivý Boh, ktorý tresce neprávosti otcov na deťoch do tretieho a štvrtého pokolenia u tých, čo ma nenávidia, milosrdenstvo však preukazuje až do tisíceho pokolenia tým, čo ma milujú a zachovávajú moje príkazy."* Dal nám osobitný príkaz, ktorý zakazuje, aby sme uctievali modly. Podľa prvých dvoch prikázaní z Desatora – *„Nebudeš mať iných bohov okrem mňa!"* (v 3) a *„Neurobíš si modlu, ani nijakú podobu toho, čo je hore na nebi, dolu na zemi alebo vo vode pod zemou!"* (v 4) – môžeme ľahko zistiť, ako veľmi Boh nenávidí modloslužobníctvo.

Ak rodičia porušujú Božiu vôľu a uctievajú modly, ich deti budú prirodzene nasledovať ich príklad. Ak rodičia nepočúvajú Božie Slovo a páchajú zlo, aj ich deti budú prirodzene nasledovať ich príklad a páchať zlo. Keď hriech neposlušnosti dosiahne tretiu a štvrtú generáciu, ako mzdou hriechu budú ich potomkovia trpieť chorobami spôsobenými nepriateľom diablom.

Aj keď rodičia uctievali modly, ale ich deti vďaka dobrote

vlastného srdca uctievajú Boha, On preukáže svoju lásku a milosrdenstvo, a požehná ich. Aj keď ľudia teraz trpia chorobami spôsobenými nepriateľom diablom, pretože opustili Božiu vôľu a odvrátili sa od pravdy, ak budú konať pokánie a odvrátia sa od cesty hriechu, Boh Lekár ich očistí. Niektorých uzdraví ihneď, iných uzdraví neskôr, a ešte ďalších uzdraví s rastom ich viery. Dielo uzdravenia sa koná podľa Božej vôle: ak v Jeho očiach ľudia majú nemenné srdce, budú uzdravení ihneď, ale ak ich srdcia sú prefíkané, budú uzdravení neskôr.

6. Od choroby budeme oslobodení, ak žijeme vo viere

Pretože Mojžiš bol tichší ako ktokoľvek iný na povrchu zeme (Nm 12, 3) a bol verný v celom Božom dome, bol považovaný za verného Božieho služobníka (Nm 12, 7). Biblia tiež hovorí, že keď Mojžiš zomrel vo veku stodvadsať rokov, jeho oči nezoslabli ani nestratil svoju silu (Dt 34, 7). Pretože bol Abrahám vo viere úplne poslušný a ctil Boha, žil až do veku stosedemdesiatpäť rokov (Gn 25, 7). Daniel bol zdravý, aj keď všetko, čo jedol, bola iba zelenina (Dn 1, 12-16), zatiaľ čo Ján Krstiteľ bol robustný, aj keď jedol len kobylky a lesný med (Mt 3, 4).

Niekto sa môže čudovať, ako mohli ľudia zostať zdraví bez požívania mäsa. Ale keď Boh stvoril človeka, povedal mu, aby jedol iba ovocie. V Gn 2, 16-17 Boh hovorí človeku: „*Zo všetkých stromov raja môžeš jesť. Zo stromu poznania dobra a zla však nejedz! Lebo v deň, keď by si z neho jedol, istotne zomrieš.*" Po Adamovom neuposlúchnutí ho Boh nechal jesť iba poľné byliny (Gn 3, 18), a ako sa hriech na tomto svete rozmáhal, hneď po rozsudku o potope v Gn 9, 3 Boh povedal Noemovi: „*Všetko, čo sa hýbe a žije, nech je vám za pokrm, všetko vám dávam tak, ako zelené byliny.*" Ako sa človek stával postupne horším, Boh mu dovolil jesť mäso, ale žiadne „odporné" potraviny (Lv 11; Dt 14).

V novozákonnej dobe nám Boh v Sk 15, 29 povedal: „*zdŕžať sa mäsa obetovaného modlám, krvi, udusených zvierat a smilstva. Ak sa budete tohoto chrániť, budete konať správne. Buďte zdraví!*" Dovolil nám jesť potraviny, ktoré sú prospešné pre naše zdravie a odporučil nám zdržiavať sa jedla, ktoré je pre nás škodlivé; preto je pre nás oveľa výhodnejšie, ak nebudeme jesť ani piť to, s čím Boh nie je spokojný. Do akej miery nasledujeme Božiu vôľu a žijeme vo viere, do takej miery budú naše telá silnejšie, choroby nás opustia a žiadna iná choroba na nás nezostúpi.

Navyše neochorieme, ak budeme žiť v spravodlivosti s vierou, pretože pred dvetisíc rokmi Ježiš Kristus prišiel na tento svet a niesol všetky naše ťažké bremená. Keď veríme, že preliatím Jeho krvi nás Ježiš vykúpil z našich hriechov a Jeho ranami vzal na seba všetky naše slabosti (Mt 8, 17), už sme uzdravení, a uzdravenie sa uskutoční podľa našej viery (Iz 53, 5-6; 1 Pt 2, 24).

Predtým, ako sme spoznali Boha, nemali sme žiadnu vieru. Žili sme v honbe za túžbami hriešnej prirodzenosti a trpeli rôznymi chorobami v dôsledku nášho hriechu. Ak žijeme vo viere a robíme všetko v spravodlivosti, budeme požehnaní fyzickým zdravím.

Keď je myseľ zdravá, aj telo bude zdravé. Pretože prebývame v spravodlivosti a konáme v súlade s Božím Slovom, naše telá budú naplnené Duchom Svätým. Choroby nás opustia, naše telo získa telesné zdravie a nenapadnú nás žiadne choroby. Pretože naše telo bude v pokoji, cítiac svetlo, radosť a zdravie, nebudeme nič žiadať, budeme iba vzdávať Bohu vďaky za to, že nám dal zdravie.

V mene nášho Pána sa modlím, aby ste konali spravodlivo a vo viere tak, aby sa vášmu duchu darilo, boli ste uzdravení zo všetkých chorôb a neduhov a získali zdravie! Tiež sa modlím, aby ste získali hojnú Božiu lásku, ak dodržiavate Jeho Slovo a podľa neho aj žijete!

Kapitola 4

Jeho ranami sme uzdravení

„Vskutku on niesol naše choroby
a našimi bôľmi sa on obťažil,
no my sme ho pokladali za zbitého,
strestaného Bohom a pokoreného.
On však bol prebodnutý pre naše hriechy,
strýznený pre naše neprávosti,
na ňom je trest pre naše blaho
a jeho ranami sme uzdravení."

Iz 53, 4-5

1. Ježiš ako Boží Syn uzdravil všetky choroby

Ľudia sa v živote stretnú s celým radom problémov. Rovnako ako ani more nie je vždy pokojné, na mori života je mnoho problémov doma, v práci, v podnikaní, z choroby, z bohatstva, a podobne. Nie je prehnané tvrdiť, že medzi týmito problémami v živote je najzávažnejšia choroba.

Bez ohľadu na množstvo bohatstva a vedomostí človeka, ak je postihnutý vážnou chorobou, všetko, o čo sa po celý život snažil, nebude ničím len bublinou. Zisťujeme, že spolu s rozvojom materiálnej civilizácie a rastom bohatstva človeka, rastie aj túžba po zdraví. Ale bez ohľadu na to, ako veľmi sa veda a medicína zlepšili, sú neustále objavované nové a zriedkavé kmene chorôb – proti ktorým je poznanie človeka márne – a počet ľudí, ktorí nimi trpia, stále rastie. Možno to je dôvod, prečo sa dnes kladie ešte väčší dôraz na zdravie.

Utrpenie, choroba a smrť – to všetko pramení z hriechu – symbolizuje hranice človeka. Ako to Boh urobil v starozákonnej dobe, Boh Lekár nám dnes ponúka spôsob, ktorým môžu byť ľudia, ktorí v Neho veria, uzdravení zo všetkých chorôb ich vierou v Ježiša Krista. Nahliadnime do Biblie a preskúmajme, prečo vďaka viere v Ježiša Krista dostávame odpovede na problém choroby a vedieme zdravý život.

Keď sa Ježiš opýtal svojich učeníkov: „A za koho ma pokladáte vy?" Šimon Peter odpovedal: „Ty si Mesiáš, Syn živého Boha" (Mt 16, 15-16). Táto odpoveď znie pomerne jednoducho, ale tiež jasne potvrdzuje, že len Ježiš je Kristus.

Ježiš bol počas života nasledovaný veľkým davom, pretože On ihneď uzdravoval ľudí, ktorí boli chorí. Boli to démonmi posadnutí a ochrnutí ľudia, epileptici a rôzni ďalší, ktorí trpeli rôznymi chorobami. Keď boli malomocní, ľudia s horúčkou, mrzáci, slepci a všetci ostatní, uzdravení Ježišovým dotykom, začali Ho nasledovať a slúžiť Mu. Aký úžasný to musel byť pohľad? Keď boli ľudia svedkami takýchto divov a zázrakov, uverili v Ježiša a prijali Ho, dostali odpovede na problémy v živote a chorí zažili zázrak uzdravenia. Navyše, rovnako ako Ježiš uzdravoval ľudí v Jeho dobe, každý, kto k Ježišovi príde, môže byť uzdravený aj dnes.

Čoskoro po založení mojej cirkvi na piatkovú celonočnú bohoslužbu prišiel človek, ktorý sa veľmi nelíšil od mrzáka. Po automobilovej nehode bol muž dlhú dobu liečený v nemocnici. Ale pretože šľachy v jeho kolenách boli predĺžené, nebol schopný ohnúť koleno, a pretože s lýtkom nemohol hýbať, nemohol chodiť. Pri počúvaní kázaného Slova, túžil prijať Ježiša Krista a byť uzdravený. Keď som sa za muža horlivo modlil, vstal a ihneď začal chodiť a behať. Rovnako ako mrzák pri bráne chrámu, ktorá sa volala Krásna, po Petrovej modlitbe vyskočil na nohy a začal chodiť (Sk 3, 1-10), uskutočnilo sa zázračné Božie dielo.

To slúži ako dôkaz, že ten, kto verí v Ježiša Krista a prijme odpustenie v Jeho mene, môže byť úplne uzdravený zo všetkých jeho chorôb – aj keď lekárskou vedou nemohli byť vyliečené – a jeho telo je obnovené. Boh, ktorý je ten istý včera, dnes i naveky (Hebr 13, 8), pracuje v ľuďoch, ktorí veria v Jeho slovo a hľadajú Ho podľa miery ich viery, a On uzdravuje rôzne choroby, otvára oči slepým a mrzákov stavia na nohy.

Každému, kto prijal Ježiša Krista, sú odpustené všetky hriechy, stáva sa Božím dieťaťom a teraz musí žiť slobodný život.

Poďme teraz podrobnejšie preskúmať, prečo každý z nás môže žiť zdravý život, keď uveríme v Ježiša Krista.

2. Ježiš bol bičovaný a prelial svoju krv

Pred ukrižovaním bol Ježiš bičovaný rímskymi vojakmi a na súde Piláta Pontského prelial svoju krv. Rímski vojaci boli v Jeho dobe pevného zdravia, veľmi silní a dobre vycvičení. Koniec koncov, boli vojakmi ríše, ktorá ovládala vtedajší svet. Neznesiteľnú bolesť, ktorú Ježiš znášal, keď Ho títo silní vojaci vyzliekli a bičovali, nemožno dostatočne slovami opísať. Každým švihom biča sa bič omotal okolo Ježišovho tela, vytrhol kus Jeho tela a vytiekla Jeho krv.

Prečo musel byť Ježiš, Syn Boží, ktorý je bez hriechu, viny alebo vady, bičovaný tak tvrdo a krvácať za nás hriešnikov? V tejto udalosti je duchovný dôsledok veľkej hĺbky a úžasná Božia prozreteľnosť.

1 Pt 2, 24 nám hovorí, že sme uzdravení Ježišovými ranami. V Iz 53, 5 tiež čítame, že Jeho ranami sme uzdravení. Asi pred dvetisíc rokmi Ježiš, Syn Boží, bol bičovaný, aby nás vykúpil z utrpenia z choroby a kvôli nášmu hriechu, pretože nežijeme podľa Božieho Slova, On prelial krv. Ak uveríme v Ježiša, ktorý bol bičovaný a krvácal, budeme oslobodení od našich chorôb a

budeme uzdravení. To je prejav úžasnej Božej lásky a múdrosti.

Preto, ak trpíte chorobou ako Božie dieťa, čiňte pokánie zo svojich hriechov a uverte, že už ste boli uzdravení. Pretože *„Viera je základom toho, v čo dúfame, dôkazom toho, čo nevidíme"* (Hebr 11, 1), aj keď cítite bolesť v postihnutých častiach tela, vierou, ktorou môžete povedať: „Už som bol uzdravený," budete skutočne čoskoro uzdravení.

Počas základnej školy som si zranil jedno rebro, a keď sa bolesť z času na čas vracala, bola taká neznesiteľná, že som mal problémy s dýchaním. Rok alebo dva po tom, čo som prijal Ježiša Krista, bolesť sa znova vrátila, keď som sa snažil zdvihnúť ťažký predmet a nemohol som urobiť ani jeden krok. Ale pretože som zažil a veril v silu všemohúceho Boha, modlil som sa úprimne: „Keď sa budem pohybovať po tejto modlitbe, som presvedčený, že bolesť zmizne a ja budem chodiť." Keďže som veril len vo všemohúceho Boha a zbavil sa myšlienok na bolesť, mohol som stáť a chodiť. Bolo to, ako keby bolesť bola len v mojich predstavách.

Ako nám v Mk 11, 24 Ježiš povedal: *„Verte, že všetko, o čo v modlitbe prosíte, ste už dostali, a budete to mať,"* ak veríme, že už sme boli uzdravení, podľa našej viery budeme skutočne uzdravení. Ale ak si myslíme, že sme ešte neboli uzdravení kvôli pretrvávajúcej bolesti, choroba nebude vyliečená. Inými slovami, len keď zlomíme rám vlastných myšlienok, všetko sa stane podľa našej viery.

To je dôvod, prečo nám Boh hovorí, že hriešna myseľ je nepriateľom Boha (Rim 8, 7) a vyzýva nás, aby sme spútali každú myšlienku a urobili ju poslušnou Bohu (2 Kor 10, 5). V Mt 8, 17 ďalej zisťujeme, že Ježiš vzal na seba naše slabosti a niesol naše choroby. Ak si myslíte: „Ja som slabý," môžete zostať len slabým. Ale bez ohľadu na to, aký je váš život ťažký a vyčerpávajúci, ak vaše pery vyznávajú: „Pretože mám v sebe silu a milosť Boha, a pretože ma vedie Duch Svätý, nie som vyčerpaný," vyčerpanie zmizne a vy sa zmeníte na silného človeka.

Ak skutočne veríme v Ježiša Krista, ktorý vzal na seba naše slabosti a niesol naše choroby, musíme si uvedomiť, že neexistuje žiadny dôvod, aby sme trpeli chorobou.

3. Keď Ježiš videl ich vieru

Teraz, keď sme už boli uzdravení z našich chorôb Ježišovými ranami, potrebujeme vieru, ktorou tomu môžeme uveriť. Dnes mnoho ľudí, ktorí neverili v Ježiša Krista, prichádza k Nemu s chorobou. Niektorí ľudia sú uzdravení onedlho na to, ako prijali Ježiša Krista, zatiaľ čo u iných sa neprejavuje žiadny pokrok ani po niekoľko mesačnej modlitbe. Druhá skupina ľudí sa musí obzrieť a preskúmať svoju vieru.

Vďaka prípadu opísanom v Mk 2, 1-12 preskúmame, ako ochrnutý a jeho štyria priatelia dokázali ich vieru, vynútil si uzdravujúcu ruku Pána, aby ho oslobodil od jeho choroby a vzdal Bohu slávu.

Keď Ježiš navštívil Kafarnaum, správa o jeho príchode sa rýchlo rozšírila a zhromaždil sa veľký dav. Ježiš im kázal Božie slovo – pravdu – a dav dával pozor, aby mu neuniklo ani jediné

Ježišovo slovo. V tú chvíľu priniesli na nosidlách štyria muži ochrnutého, ale kvôli veľkému davu neboli schopní priniesť ochrnutého bližšie k Ježišovi.

Ale nevzdali sa. Namiesto toho vyšli hore na strechu domu, v ktorom sa Ježiš zdržiaval, urobili otvor a spustili nosidlá, na ktorých ležal ochrnutý. Keď Ježiš videl ich vieru, povedal ochrnutému: „Synu, odpúšťajú sa ti hriechy ... vstaň, vezmi si lôžko a choď domov," a ochrnutý bol uzdravený, po čom tak úprimne túžil. Keď vzal lôžko a pred zrakmi všetkých vyšiel von, ľudia boli prekvapení a vzdali Bohu slávu.

Ochrnutý trpel tak závažným ochorením, že nebol schopný sa sám pohybovať. Keď sa ochrnutý dopočul správy o Ježišovi, ktorý otváral oči slepým, mrzákov staval na nohy, uzdravoval malomocných, vyháňal démonov a uzdravil mnoho ďalších ľudí trpiacich rôznymi chorobami, zúfalo sa chcel s Ježišom stretnúť. Pretože mal dobré srdce, keď počul tieto posolstvá, túžil stretnúť Ježiša, akonáhle zistil, kde sa bude nachádzať.

Potom jedného dňa ochrnutý počul, že Ježiš prišiel do Kafarnauma. Viete si predstaviť, ako sa tešil, keď sa to dopočul? Musel vyhľadať priateľov, ktorí by mu mohli pomôcť a jeho priatelia, ktorí našťastie mali vieru, ochotne prijali priateľovu prosbu. Pretože priatelia ochrnutého tiež počuli o Ježišovi, keď ich priateľ horlivo prosil, aby ho k Ježišovi odniesli, súhlasili.

Ak by priatelia ochrnutého odmietli jeho prosbu a vysmiali sa mu: „Ako môžeš veriť takýmto veciam, keď si ich nevidel na vlastné oči?" nepodstúpili by všetky tie problémy na pomoc ich priateľovi. Ale pretože oni tiež mali vieru, mohli priniesť svojho priateľa na nosidlách, každý z nich niesol jeden koniec lôžka, a dokonca urobili otvor na streche domu.

Keď videli veľký dav zhromaždených ľudí po takej namáhavej ceste a nemohli sa dostať bližšie k Ježišovi, akí nervózni a skľúčení museli byť? Iste prosili o malý priechod dnu. Ale vzhľadom k veľkému počtu ľudí, ktorí sa zhromaždili, nevideli žiadny priechod a začali byť zúfalí. Nakoniec sa rozhodli ísť až na strechu domu, v ktorom bol Ježiš, urobili na nej otvor a spustili pred Ježiša lôžko, na ktorom ležal ich priateľ. Ochrnutý sa stretol s Ježišom z najbližšej vzdialenosti zo všetkých zhromaždených. Prostredníctvom tohto príbehu sa môžeme dozvedieť, ako horlivo ochrnutý a jeho priatelia túžili ísť za Ježišom.

Musíme si uvedomiť, že ochrnutý a jeho priatelia nešli jednoducho za Ježišom. Skutočnosť, že prešli cez všetky tie ťažkosti, aby sa s Ním stretli, keď sa o Ňom dozvedeli, hovorí, že oni verili správam o Ňom a posolstvám, ktoré učil. Navyše tým, že prekonali zdanlivé ťažkosti, vytrvalo a agresívne prišli k Ježišovi, ochrnutý a jeho priatelia ukázali, akí boli pokorní, keď pred Neho prišli.

Keď ľudia videli ochrnutého a jeho priateľov ísť na strechu a urobiť v nej otvor, dav nimi mohol opovrhovať alebo sa nahnevať. Možno došlo k niečomu, čo si nedokážeme ani predstaviť. Ale nikto a nič nemohlo zabrániť v ceste týchto piatich ľudí. Akonáhle sa stretli s Ježišom, ochrnutý bol uzdravený a mohol ľahko opraviť alebo nahradiť škodu na streche.

Ale dnes medzi mnohými ľuďmi, ktorí trpia vážnymi chorobami, je ťažké nájsť samotného pacienta alebo jeho rodinu prejavujúcu vieru. Namiesto agresívneho priblíženia sa k Ježišovi, rýchlo odpovedajú: „Ja som veľmi chorý. Chcel by som ísť, ale nie som schopný," alebo „Tá a tá v mojej rodine je taká slabá, že sa nemôže hýbať." Je skľučujúce vidieť takýchto pasívnych ľudí, ktorí vyzerajú, že len čakajú, kedy im zo stromu spadne do úst jablko. Inými slovami, týmto ľuďom chýba viera.

Ak ľudia vyznávajú svoju vieru v Boha, musí existovať aj horlivosť, ktorou môžu vieru dokázať. Pretože človek nemôže zažiť Božie dielo skrze vieru, ktorá je prijímaná a uložená len ako vedomosť, ale iba ak ukáže vieru v skutkoch, jeho viera sa stane živou vierou a bude základom viery pre získanie Bohom danej duchovnej viery. Preto, tak ako ochrnutý získal Božie dielo uzdravenia vďaka základu jeho viery, musíme sa tiež stať múdrymi a ukázať Mu naše základy viery – samotnú vieru – aby sme aj my mohli žiť život, v ktorom získame Bohom danú duchovnú vieru a zažijeme zázraky.

4. Tvoje hriechy sú odpustené

Ochrnutému, ktorý k Nemu prišiel s pomocou štyroch priateľov, Ježiš povedal: „Synu, odpúšťajú sa ti hriechy," a vyriešil problém hriechu. Pretože človek nemôže dostať odpovede, ak medzi ním a Bohom je múr hriechu, Ježiš najprv vyriešil problém hriechu ochrnutého, ktorý k Nemu prišiel na základe viery.

Ak skutočne vyznáme vieru v Boha, Biblia nám hovorí, s akým druhom postoja máme pred Neho prísť a ako sa máme správať. Dodržiavaním príkazov, ako sú: „Čo robiť", „Čo nerobiť", „Čo dodržiavať", „Čoho sa zbaviť", a podobne, nespravodlivý človek sa zmení na spravodlivého človeka, a klamár sa zmení na pravdovravného a čestného človeka. Ak dodržiavame Slovo pravdy, naše hriechy sú očistené krvou nášho Pána, a keď získame odpustenie, dostaneme Božiu ochranu a odpovede.

Keďže všetky choroby pochádzajú z hriechu, akonáhle je vyriešený problém hriechu, nastane stav, kedy sa môže uskutočniť Božie dielo. Rovnako ako žiarovka svieti a prístroje fungujú, keď do anódy vstúpi elektrina a vystúpi cez katódu, keď Boh vidí základ viery človeka, On mu dá odpustenie a vieru zhora, a tak uskutoční zázrak.

„Vstaň, vezmi si lôžko a choď domov" (Mk 2, 11). Aké potešujúce sú tieto slová? Pri pohľade na vieru ochrnutého a jeho štyroch priateľov, Ježiš vyriešil problém hriechu a ochrnutý mohol hneď chodiť. Po dlhodobej túžbe sa stal znova celým. Z rovnakého dôvodu, ak chceme získať odpovede nielen na choroby, ale na všetky ostatné problémy, ktoré máme, musíme najskôr získať odpustenie a očistiť si srdcia.

Keď ľudia mali malú vieru, spoliehali sa na pomoc v ich chorobe na medicínu a lekárov, ale teraz, keď ich viera vzrástla a oni milujú Boha a žijú podľa Jeho Slova, choroba ich nepostihne. Aj keby ochoreli, a najprv by sa pozreli späť do seba, konali pokánie z hĺbky ich srdca a odvrátili sa od hriešnych ciest, ihneď by boli uzdravení. Viem, že to zažili mnohí z vás.

Pred nedávnom bola staršia z môjho kostola diagnostikovaná s prasknutým diskom a zrazu nebola schopná sa pohnúť. Ihneď sa spätne pozrela na svoj život, konala pokánie a prijala moju modlitbu. Hneď na mieste sa uskutočnilo Božie dielo uzdravenia a ona bola opäť zdravá.

Keď jej dcéra trpela horúčkou, matka dieťaťa si uvedomila, že jej horúci temperament bol pôvodcom utrpenia jej dieťaťa, a keď to oľutovala, dieťa bolo opäť v poriadku.

V snahe zachrániť celé ľudstvo, ktoré kvôli Adamovej neposlušnosti kráčalo cestou smrti, Boh na tento svet poslal Ježiša Krista a dovolil, aby bol prekliaty a ukrižovaný na drevenom kríži za nás. To je preto, lebo Biblia hovorí: *„A podľa zákona sa skoro všetko očisťuje krvou a bez vyliatia krvi niet odpustenia"* (Hebr 9, 22) a *„Prekliaty je každý, kto visí na dreve"* (Gal 3,13).

Teraz, keď vieme, že problém choroby pramení z hriechu, musíme konať pokánie zo všetkých našich hriechov a úprimne veriť v Ježiša Krista, ktorý nás vykúpil z našich chorôb a touto vierou by sme mali viesť zdravý život. Mnoho bratov dnes zažíva uzdravenie, svedčia o Božej moci a o živom Bohu. To nám dokazuje, že pre toho, kto prijíma Ježiša Krista a prosí v Jeho mene, môžu byť vyriešené všetky problémy choroby. Bez ohľadu na to, aká vážna je choroba človeka, keď v srdci verí v Ježiša Krista, ktorý bol bičovaný a prelial svoju krv, uskutoční sa úžasné dielo Božieho uzdravenia.

5. Viera zdokonalená skutkami

Tak, ako bol uzdravený ochrnutý s pomocou jeho štyroch

priateľov po tom, čo Ježišovi ukázali vieru, ak chceme, aby sa túžby nášho srdca splnili, musíme tiež Bohu ukázať vieru sprevádzanú skutkom, ktorý tvorí základ viery. Aby čitatelia lepšie pochopili „vieru", stručne ju vysvetlím.

V živote človeka v Kristovi môžeme „vieru" rozdeliť a vysvetliť v dvoch kategóriách. „Telesná viera" alebo „viera ako vedomosť" odkazuje na druh viery, ktorou človek verí len na základe fyzických dôkazov, a ak Slovo zodpovedá jeho vedomostiam a myšlienkam. Naopak, „duchovná viera" je druh viery, ktorou človek verí, aj keď nevidí a Slovo nezodpovedá jeho vedomostiam a myšlienkam.

„Telesnou vierou" človek verí, že niečo viditeľné bolo stvorené len z niečoho iného, tiež viditeľného. S „duchovnou vierou", ktorú človek nemôže mať, ak sa spolieha na vlastné myšlienky a vedomosti, človek verí, že niečo viditeľné môže byť stvorené z niečoho iného, neviditeľného. A to si vyžaduje zničenie vlastných vedomostí a myšlienok.

Od narodenia je v každom ľudskom mozgu zaznamenané neodhadnuteľné množstvo vedomostí. Sú zaznamenané veci, ktoré vidí a počuje. Sú zaznamenané veci, ktoré sa učí doma a v škole. Sú zaznamenané veci, ktoré sa učí v rôznych životných podmienkach. A keďže nie každá zaznamenaná vedomosť je pravdivá, ak je v rozpore s Božím Slovom, človek sa jej musí zbaviť. Napríklad, v škole sa učí, že každý živý tvor sa buď vyliahne alebo sa vyvinul z jedno až mnohobunkového organizmu. Ale v Biblii sa dozvie, že všetky živé tvory boli stvorené Bohom. Čo by mal robiť? Nepravdivosť evolučnej teórie už bola mnohokrát spochybnená aj samotnou vedou. Ako by bolo možné, dokonca aj na základe ľudskej logiky, že počas stoviek miliónov rokov z opice vznikol človek a zo žaby vznikli nejaké druhy vtákov? Dokonca aj logika podporuje stvorenie.

A rovnako, keď sa „telesná viera" mení na „duchovnú vieru", a vaše pochybnosti zmiznú, budete stáť na skale viery. Okrem toho, ak vyznávate vieru v Boha, musíte teraz konať podľa Slova, ktoré máte uložené ako vedomosť. Ak vyznávate, že veríte v Boha, musíte sa ukázať ako svetlo pri zachovávaní Pánovho dňa svätým, milovaní svojho blížneho a dodržiavaní Slova pravdy.

Ak by ochrnutý v Mk 2 zostal doma, nebol by uzdravený. Ale pretože veril, že bude uzdravený, ak príde k Ježišovi a ukázal svoju vieru aplikovaním a použitím každého dostupného spôsobu, ochrnutý mohol byť uzdravený. Ak sa osoba, ktorá chce postaviť dom, iba modlí: „Pane, verím, že dom bude postavený," ani sto alebo tisíc modlitieb nepomôže k tomu, aby sa dom sám postavil. On musí vykonať svoj podiel práce tým, že pripraví pôdorys, vykope základy, postaví stĺpy, atď, jednoducho je potrebný „skutok."

Ak vy alebo niekto z vašej rodiny trpí chorobou, verte, že Boh vám dá odpustenie a uskutoční dielo uzdravenia, ak uvidí všetkých členov vašej rodiny zjednotených v láske a v jednote, ktorú bude považovať za základ viery. Niektorí hovoria, že pretože existuje čas na všetko, je čas aj na uzdravenie. Pamätajte si však, že „čas" je to, keď človek položí základy viery v Boha.

V mene nášho Pána sa modlím, aby ste dostali odpovede na vašu chorobu, ako aj na všetko ostatné, o čo prosíte, a aby ste vzdávali Bohu slávu!

Kapitola 5

Moc uzdravovať slabosti

„Zvolal svojich dvanástich učeníkov
a dal im moc nad nečistými duchmi,
aby ich vyháňali a uzdravovali každý neduh
a každú chorobu."

Mt 10, 1

1. Moc uzdravovať choroby a slabosti

Existuje mnoho spôsobov, ako neveriacim dokázať, že Boh je živý. Vyliečenie z choroby je jedným z týchto spôsobov. Keď sú uzdravení ľudia, ktorí trpeli nevyliečiteľnými a smrteľnými chorobami, proti ktorým je lekárska veda bezmocná, už nie sú schopní popierať moc Boha Stvoriteľa, ale začnú veriť v túto moc a vzdávajú Mu chválu.

Aj napriek ich bohatstvu, moci, sláve a vedomostiam, mnohí ľudia dnes nie sú schopní vyriešiť problém choroby a trápia sa. Aj keď veľké množstvo chorôb nemožno vyliečiť dokonca ani najrozvinutejšou metódou lekárskej vedy, keď ľudia uveria vo všemohúceho Boha, spoliehajú sa na Neho a odovzdajú Mu problém choroby, všetky nevyliečiteľné a smrteľné choroby môžu byť vyliečené. Náš Boh je všemohúci Boh, pre ktorého nie je nič nemožné, a ktorý môže stvoriť niečo z ničoho, spôsobiť, že suchá palica vyženie puky (Nm 17, 8) a vzkriesiť mŕtveho (Jn 11, 17-44).

Moc nášho Boha môže skutočne uzdraviť akúkoľvek chorobu a ochorenie. V Mt 4, 23 nájdeme: *„A Ježiš chodil po celej Galilei, učil v ich synagógach, hlásal evanjelium o kráľovstve a uzdravoval každý neduh a každú chorobu medzi ľuďom"* a Mt 8, 17 čítame: *„„aby sa splnilo, čo povedal prorok Izaiáš: ,On vzal na seba naše slabosti a niesol naše choroby.'"* V týchto pasážach čítame „choroba", „neduh" a „slabosti."

„Slabosti" sa tu nevzťahuje na relatívne ľahké ochorenie, ako je nachladnutie alebo choroba z únavy. Je to abnormálny stav, kedy boli funkcie tela človeka, časti tela alebo orgány ochrnuté alebo zdegenerované v dôsledku nehody, chybou rodičov alebo jeho vlastnou chybou. Napríklad, ľudia, ktorí sú nemí, hluchí, slepí, zmrzačení, ochrnutí (ochorenie známe ako detská obrna) a tak ďalej – tie ochorenia, ktoré nemôžu byť vyliečené vedomosťami človeka – môžu byť klasifikované ako „slabosti." Okrem prípadov spôsobených nehodou, chybou rodičov alebo vlastnou chybou, ako v prípade človeka v Jn 9, 1-3, ktorý sa narodil slepý, existujú ľudia, ktorí trpia slabosťami, aby sa mohla zjaviť Božia sláva. Ale takéto prípady sú zriedkavé, pretože väčšina je spôsobených neznalosťou a chybou človeka.

Keď ľudia konajú pokánie a príjmu Ježiša Krista, keď sa snažia veriť v Boha, On im dáva Ducha Svätého ako dar. Spolu s Duchom Svätým tiež získajú právo stať sa Božími deťmi. Keď je s nimi Duch Svätý, s výnimkou veľmi ťažkých a závažných prípadov, väčšina chorôb je uzdravených. Samotná skutočnosť, že dostali Ducha Svätého, umožňuje, aby na nich zostúpil oheň Ducha Svätého a spálil ich choroby. Navyše, aj keď človek trpí kritickou chorobou, keď sa vo viere úprimne modlí, zničí múr hriechu medzi ním a Bohom, odvráti sa od cesty hriechu a koná pokánie, na základe jeho viery bude uzdravený.

„Oheň Ducha Svätého" predstavuje krst ohňom, ktorý sa koná, keď človek dostane Ducha Svätého a v Božích očiach je to Jeho moc. Keď sa duchovné oči Jána Krstiteľa otvorili a on mohol vidieť, oheň Ducha Svätého opísal ako „krst ohňom." V Mt 3, 11 Ján Krstiteľ povedal: *„Ja vás krstím vodou na pokánie, ale ten, čo príde po mne, je mocnejší, ako som ja. Ja nie som hoden nosiť mu obuv: On vás bude krstiť Duchom Svätým a ohňom."*

Krst ohňom neprichádza kedykoľvek, ale len vtedy, keď je človek naplnený Duchom Svätým. Keďže oheň Ducha Svätého vždy spočinie na tom, kto je naplnený Duchom Svätým, budú všetky jeho hriechy a choroby spálené a on bude žiť zdravý život.

Keď krst ohňom spáli prekliatie choroby, väčšina chorôb je uzdravených, slabosti však nemôžu byť spálené ani krstom ohňom. Ako teda môžu byť uzdravené slabosti?

Všetky slabosti môže uzdraviť iba Bohom daná moc. To je dôvod, prečo v Jn 9, 32-33 nachádzame: *"Od vekov nebolo počuť, že by bol niekto otvoril oči slepému od narodenia. Keby on nebol od Boha, nemohol by nič také urobiť."*

V Sk 3, 1-10 je scéna, v ktorej Peter a Ján, ktorí obaja dostali Božiu moc, pomohli vstať človeku, ktorý bol od narodenia mrzákom a žobral pri chrámovej bráne nazvanej "Krásna." Keď mu Peter vo verši 6 povedal: *"Striebro a zlato nemám, ale čo mám, to ti dám: V mene Ježiša Krista Nazaretského vstaň a choď!"* a chytil mrzáka za pravú ruku, vtom mrzákovi spevneli nohy a členky, zosilnel a začal chváliť Boha. Keď ľudia videli muža, ktorý bol predtým mrzákom, ako chodí a chváli Boha, boli naplnení úžasom a prekvapením.

Ak človek túži po uzdravení, musí mať vieru, ktorou uverí v Ježiša Krista. Aj keď bol zmrzačený človek len žobrákom, pretože veril v Ježiša Krista, mohol získať uzdravenie, keď sa za neho modlili tí, ktorí dostali Božiu moc. Preto nám Písmo hovorí: *"A jeho meno pre vieru v toto meno upevnilo tohoto človeka, ktorého vidíte a poznáte, a viera, ktorá je skrze neho, dala mu toto úplné zdravie pred očami vás všetkých"* (Sk 3, 16).

V Mt 10, 1 nachádzame, že Ježiš dal svojim učeníkom moc nad nečistými duchmi, aby ich vyháňali a uzdravovali všetky druhy chorôb a ochorení. V starozákonných časoch dal Boh silu uzdravovať slabosti svojim milovaným prorokom, vrátane Mojžiša, Eliáša a Elizea, v novozákonnej dobe Božia moc bola s takými apoštolmi ako Peter a Pavol a vernými služobníkmi Štefanom a Filipom.

Akonáhle človek získa Božiu moc, nič nie je nemožné, pretože môže pomôcť mrzákovi, uzdraviť tých, ktorí trpia detskou obrnou a umožniť im chodiť, slepým vrátiť zrak, hluchým vrátiť sluch a uvoľniť jazyky hluchonemým.

2. Rôzne spôsoby uzdravovania slabostí

1) Božia moc uzdravila hluchonemého človeka

V Mk 7, 31-37 je scéna, v ktorej Božia moc uzdravila hluchonemého človeka. Keď ľudia priniesli človeka k Ježišovi a prosili ho, aby na neho položil ruku, Ježiš vzal muža stranou a do uší mu vložil prsty. Potom si ich naslinil a dotkol sa mu jazyka. Pozdvihol oči k nebu a s hlbokým povzdychom povedal: *"Ephphatha!" (Čo znamená "buď uzdravený!")* (v 34). Jeho uši boli ihneď otvorené, jeho jazyk bol rozviazaný a on začal jasne hovoriť.

Mohol Boh, ktorý stvoril všetko vo vesmíre Jeho Slovom, neuzdraviť človeka Jeho Slovom? Prečo Ježiš vložil prsty do uší toho človeka? Vzhľadom k tomu, že hluchý človek nepočul zvuk a komunikoval iba posunkovou rečou, tento človek nebol schopný mať vieru takým spôsobom, ako iní ľudia, aj keby s ním Ježiš hovoril nahlas. Ježiš vedel, že človek nemal vieru, a tak mu Ježiš vložil prsty uší, aby cez dotyk prstov človek získal vieru, ktorou by mohol byť uzdravený. Najdôležitejším prvkom je viera, ktorou človek verí, že by mohol byť uzdravený. Ježiš mohol uzdraviť človeka Jeho Slovom, ale pretože on nemohol počuť, Ježiš v ňom zasadil vieru a dovolil, aby bol človek uzdravený použitím tohto spôsobu.

Prečo si teda Ježiš naslinil prsty a dotkol sa jazyka človeka? Skutočnosť, že Ježiš si naslinil prsty, nám hovorí, že človek sa stal nemým v dôsledku zlého ducha. Ak by vám niekto napľul do tváre bez konkrétneho dôvodu, ako by ste to prijali? Je to akt poškvrnenia a nemorálneho správania, ktoré neberie vôbec žiadny ohľad na charakter človeka. Vzhľadom k tomu, že pľuť všeobecne symbolizuje neúctu a znehodnotenie človeka, Ježiš tiež použil sliny, aby vyhnal zlého ducha.

V Genesis nachádzame, že Boh preklial hada, aby hltal prach po všetky dni jeho života. Inými slovami, toto sa odvoláva na Božie prekliatie nepriateľa diabla a Satana, ktorý podnietil hada, aby vytvoril korisť z človeka, ktorý bol stvorený z prachu. Preto od čias Adama nepriateľ diabol sa usiluje, aby si vytvoril korisť z človeka a hľadá každú príležitosť na trápenie a pohltenie človeka. Rovnako ako muchy, komáre a červy prebývajú na špinavých miestach, nepriateľ diabol žije v ľuďoch, ktorých srdcia sú plné hriechu, zla a horkokrvnosti a riadi ich mysle. Musíme si uvedomiť, že iba tí, ktorí žijú a konajú podľa Božieho Slova, môžu byť z chorôb uzdravení.

2) Božia moc uzdravila slepca
V Mk 8, 22-25 nachádzame nasledovné:

> *Tak prišli do Betsaidy. Tam priviedli k nemu slepca a prosili ho, aby sa ho dotkol. On vzal slepca za ruku, vyviedol ho za dedinu, poslinil mu oči, vložil naňho ruky a opýtal sa ho: „Vidíš niečo?" Ten sa pozrel a povedal: „Vidím ľudí; zdá sa mi, akoby stromy chodili." Potom mu znova položil ruky na oči. Tu začal vidieť i celkom ozdravel a všetko videl zreteľne.*

Keď sa Ježiš modlil za tohto slepca, poslinil mu oči. Prečo teda slepec nevidel hneď, keď sa Ježiš modlil prvýkrát, ale až keď sa Ježiš modlil druhýkrát? Ježiš mohol Jeho mocou uzdraviť človeka úplne, ale pretože viera slepca bola malá, Ježiš sa modlil druhýkrát a pomohol mu získať vieru. Prostredníctvom tohto nás Ježiš učí, že ak niektorí ľudia nie sú schopní získať uzdravenie pri prvej modlitbe, mali by sme sa modliť za týchto ľudí dva, tri, dokonca štyrikrát, až kým nebude zasadené semeno viery, ktorým by mohli uveriť v ich uzdravenie.

Ježiš, ktorému nič nebolo nemožné, modlil sa znovu a znovu, keď vedel, že slepec nemohol byť uzdravený jeho vlastnou vierou. Čo by sme mali robiť my? Viac prosiť a modliť sa a mali by sme vydržať, až kým nebudeme uzdravení.

V Jn 9, 6-9 je človek, ktorý bol od narodenia slepý a bol uzdravený potom, čo Ježiš napľul na zem, urobil zo sliny blato, a natrel mu to na oči. Prečo ho Ježiš uzdravil napľutím na zem, urobením blata zo slín a natretím na jeho oči? Sliny tu neodkazujú na nič nečisté, Ježiš napľul na zem, aby mohol urobiť blato a natrieť ho na oči slepca. Ježiš urobil blato z jeho slín, pretože voda bola vzácna. V prípade vredu, opuchnutia alebo uštipnutia hmyzom detí, rodičia mnohokrát použijú vlastné sliny láskyplným spôsobom. Mali by sme pochopiť lásku nášho Pána, ktorý používa rôzne prostriedky, aby pomohol slabým získať vieru.

Keď Ježiš natrel na oči slepca blato, slepec cítil blato na jeho očiach a získal vieru, ktorou mohol byť uzdravený. Potom, čo Ježiš dal slepcovi vieru, ktorého vlastná viera bola malá, Jeho mocou mu On otvoril oči.

Ježiš nám hovorí: *„Ak nevidíte znamenia a divy, neveríte"* (Jn 4, 48). Dnes nie je možné pomôcť ľuďom získať druh viery, ktorou človek môže veriť, iba Slovom v Biblii bez zažitia zázrakov uzdravenia a divov. V dobe, kedy sú veda a ľudské vedomosti veľmi pokročilé, je veľmi ťažké mať duchovnú vieru, aby sme verili v neviditeľného Boha. Často počujeme „vidieť znamená veriť." Pretože viera ľudí vzrastie a dielo uzdravenia sa uskutoční oveľa rýchlejšie, keď uvidia hmatateľné dôkazy živého Boha, „zázračné znamenia a divy" sú absolútne nevyhnutné.

3) Božia moc uzdravila mrzáka

Keď Ježiš kázal radostnú zvesť a uzdravoval ľudí, ktorí trpeli všetkými druhmi chorôb a ochorení, jeho učeníci tiež zjavovali Božiu moc.

Keď Peter povedal zmrzačenému žobrákovi: *„V mene Ježiša Krista Nazaretského, choď"* (v 6) a chytil ho za pravú ruku, hneď mu spevneli nohy a členky, vyskočil na nohy a začal chodiť (Sk 3, 6-10). Pretože ľudia videli zázračné znamenia a divy, ktoré Peter vykonával po obdržaní Božej moci, viac ľudí začalo veriť v Pána. Dokonca prinášali chorých do ulíc a položili ich na lôžka a nosidlá, aby aspoň Petrov tieň na nich padol, keď prechádzal okolo. Aj z miest okolo Jeruzalema sa zbiehalo množstvo ľudu, prinášali chorých a trápených nečistými duchmi a všetci boli uzdravovaní. (Sk 5, 14-16).

V Sk 8, 5-8 nájdeme: *„Filip prišiel do mesta Samárie a zvestoval im Krista. Zástupy pozorne a jednomyseľne sledovali, čo Filip hovorí, pretože počuli i videli, že robí znamenia. Lebo z mnohých posadnutých vychádzali s veľkým krikom nečistí duchovia a mnohí ochrnutí a chromí ozdraveli. A v meste nastala veľká radosť."*

V Sk 14, 8-12 čítame o človeku s chorými nohami, ktorý bol chromý od narodenia a nikdy nechodil. Potom, čo si vypočul Pavlove posolstvá a získal vieru, ktorou mohol získať spásu, keď mu Pavol prikázal: *„Postav sa na nohy!"* (v 10), on hneď vyskočil a začal chodiť. Tí, ktorí boli svedkami tohto incidentu, vyhlasovali: *„Zostúpili k nám bohovia v ľudskej podobe!"* (v 11)

V Sk 19, 11-12 vidíme, že: *„A Boh robil Pavlovými rukami neobyčajné divy, takže aj na chorých donášali šatky a zástery,* *ktoré sa dotkli jeho tela, a neduhy ich opúšťali a zlí duchovia vychádzali."* Aká ohromujúca a úžasná je Božia moc?

Prostredníctvom ľudí, ktorých srdce dosiahlo úplnú svätosť a lásku, ako Petra, Pavla, Filipa a Štefana, Božia moc sa prejavuje aj dnes. Keď ľudia prídu pred Boha s vierou, túžiac mať ich slabosti uzdravené, môžu byť uzdravení modlitbou Božích služobníkov, skrze ktorých Boh pracuje.

Od založenia Manminu živý Boh dovolil, aby som uskutočnil rôzne zázračné znamenia a divy, zasadil vieru v srdciach členov cirkvi a priniesol veľké oživenie.

Bola tam raz žena, ktorá bola predmetom týrania jej manžela alkoholika. Keď jej po ťažkom fyzickom týraní ochrnuli zrakové nervy a lekári vzdali nádej, žena prišla do Manminu, keď sa o ňom dopočula. Keďže usilovne chodila na bohoslužby a úprimne sa modlila za uzdravenie, modlil som za ňu a ona mohla znovu vidieť. Božia moc úplne uzdravila zrakové nervy, ktoré sa v jednom okamihu zdali byť nenávratne zničené.

Pri inej príležitosti tam bol muž, ktorý trpel ťažkým zranením, kde si zlomil chrbticu na ôsmych miestach. Keďže dolná časť jeho tela bola ochrnutá, bol v stave, kedy obe jeho končatiny mali byť amputované. Po prijatí Ježiša Krista, mohol odvrátiť amputáciu, ale ešte stále sa musel spoliehať na barly. Potom začal navštevovať stretnutia v Manminskom modlitebnom centre a o niečo neskôr, počas piatkovej celonočnej bohoslužby po obdržaní mojej modlitby, muž zahodil barly a začal chodiť po vlastných nohách. Odvtedy je poslom evanjelia.

Božia moc môže úplne uzdraviť slabosti, ktoré lekárska veda

nie je schopná vyliečiť. V Jn 16, 23 nám Ježiš sľubuje: *„V ten deň sa ma už nebudete na nič opytovať. Veru, veru, hovorím vám: Ak budete o niečo prosiť Otca v mojom mene, dá vám to."* V mene nášho Pána sa modlím, aby ste uverili v úžasnú Božiu moc, úprimne ju hľadali, získali odpoveď na všetky problémy vašej choroby a stali sa poslom, ktorý nesie dobrú zvesť o živom a všemohúcom Bohu!

Kapitola 6

Spôsoby uzdravenia ľudí posadnutých démonmi

„Keď potom vošiel do domu a boli sami,
učeníci sa ho spýtali: ‚Prečo sme ho nemohli vyhnať my?'
On im povedal: ‚Tento druh nemožno vyhnať ničím,
iba modlitbou.'"

Mk 9, 28-29

1. V posledných dňoch vychladne láska

Pokrok modernej vedeckej civilizácie a rozvoja priemyslu zvýšili materiálnu prosperitu a umožnili ľuďom požadovať väčší komfort a úžitok. Tieto dva faktory majú za následok odcudzenie, pretekajúce sebectvo, zradu a komplex menejcennosti medzi ľuďmi, pretože láska sa stráca a pochopenie a odpustenie by ste márne hľadali.

Ako predpovedal Mt 24, 12: *„A pretože sa rozmnoží neprávosť, v mnohých vychladne láska,"* v čase, keď zlo prosperuje a láska chladne, jedným z najzávažnejších problémov našej dnešnej spoločnosti je zvyšujúci sa počet ľudí trpiacich duševnými poruchami, ako je nervové zrútenie a schizofrénia.

Psychiatrické liečebne sú preplnené pacientami, ktorí nie sú schopní viesť normálny život, ale zatiaľ nenašli vhodnú liečbu. Ak sa počas mnohých rokoch liečby nedosiahne žiadny pokrok, rodiny sú unavené a v mnohých prípadoch ignorujú alebo opustia pacientov ako siroty. Títo pacienti, ktorí žijú ďaleko a bez rodín, nie sú schopní fungovať ako normálni ľudia. Aj keď potrebujú skutočnú lásku od ich blízkych, málo ľudí je schopných prejaviť lásku týmto jednotlivcom.

V Biblii je mnoho prípadov, kedy Ježiš uzdravil ľudí posadnutých démonmi. Prečo boli zaznamenané v Písme? Keďže sa blíži koniec vekov, láska chladne a Satan trápi ľudí, spôsobuje, že trpia duševnou poruchou a adoptuje ich ako deti diabla. Satan ich trápi, mätie, privádza na nich choroby a ich mysle poškvrňuje hriechom a zlom. Pretože spoločnosť sa topí v hriechu a zle, ľudia ľahko závidia, hádajú sa, nenávidia a vraždia jeden druhého. Keďže sa blížia posledné dni, kresťania musia byť schopní rozlíšiť pravdu od nepravdy, strážiť si vieru a fyzicky i psychicky viesť zdravý život.

Pozrime sa na príčinu Satanových podnetov a trápenia, a na zvyšujúci sa počet ľudí posadnutých diablom a démonmi a ľudí trpiacich duševnými poruchami v našej modernej spoločnosti s veľmi pokročilou vedeckou civilizáciou.

2. Ako sa človek stane posadnutý diablom

Každý človek má svedomie a väčšina ľudí sa správa a žije podľa svojho svedomia. Ale štandard svedomia a z neho vyplývajúce výsledky sa medzi ľuďmi líšia. Dôvodom je to, že každý človek sa narodil a vyrastal v inom prostredí a v iných podmienkach, videl, počul, a učil sa rôzne veci od rodičov, doma a v škole a v mozgu zaznamenával rôzne informácie.

Na jednej strane, Božie Slovo, ktoré je pravda, nám hovorí: *„Nedaj sa premôcť zlu, ale dobrom premáhaj zlo"* (Rim 12, 21), a vyzýva nás: *„Neodporujte zlému. Ak ťa niekto udrie po pravom líci, nadstav mu aj druhé"* (Mt 5, 39). Vzhľadom k tomu, že Slovo učí lásku a odpustenie, štandard rozsudku „Strata je víťazstvo" sa rozvíja u ľudí, ktorí tomu veria. Na druhej strane, ak sa človek naučil, že každý úder by mal vrátiť, dosiahne rozhodnutie, ktoré nariaďuje, že odpor je statočný čin a bez odporu je zbabelec. Tri faktory – štandard rozsudku každého človeka, či človek žil spravodlivý alebo nespravodlivý život, a do akej miery robil so svetom kompromisy – budú formovať u ľudí rôzne svedomie.

Keďže ľudia vedú svoj život rozdielne a ich svedomie je tiež odlišné, Boží nepriateľ Satan to využíva na pokúšanie ľudí žiť podľa hriešnej prirodzenosti na rozdiel od spravodlivosti a dobra, tým, že v nich podnecuje zlé myšlienky a podnecuje ich k hriechu.

V srdciach ľudí je konflikt medzi túžbou Ducha Svätého, ktorým sú vedení žiť podľa Božieho zákona a túžbou hriešnej prirodzenosti, ktorou sú ľudia nútení nasledovať telesné túžby. To je dôvod, prečo nás Boh povzbudzuje v Gal 5, 16-17: *„Hovorím však: Žite duchovne a nebudete spĺňať žiadosti tela., Lebo telo si žiada, čo je proti duchu, a duch, čo je proti telu. Navzájom si odporujú, aby ste nerobili to, čo chcete."*

Ak žijeme podľa túžob Ducha Svätého, zdedíme Božie kráľovstvo, pokiaľ však nasledujeme túžby hriešnej prirodzenosti a nežijeme podľa Božieho Slova, nezdedíme Jeho kráľovstvo. To je dôvod, prečo nás Boh v Gal 5, 19-21 varoval:

> *A skutky tela sú zjavné: je to smilstvo, nečistota chlipnosť, modloslužba, čary, nepriateľstvá, sváry, žiarlivosť, hnevy, zvady, rozbroje, rozkoly, závisť, opilstvo, hýrenie a im podobné. O tomto vám vopred hovorím, ako som už povedal, že tí, čo robia takéto veci, nedosiahnu Božie kráľovstvo.*

Ako sa teda ľudia stanú posadnutí démonmi?

Cez ľudské myšlienky Satan podnecuje túžby hriešnej prirodzenosti u človeka, ktorého srdce je naplnené hriešnou prirodzenosťou. Ak nie je schopný ovládať svoju myseľ a koná skutky hriešnej prirodzenosti, premôže ho pocit viny a jeho srdce sa zmení na horšie. Ak sa nahromadia skutky hriešnej prirodzenosti, nakoniec sa človek už nebude môcť ovládnuť a namiesto toho bude robiť to, k čomu ho podnecuje Satan. Takýto človek je „posadnutý" diablom.

Zoberme si príklad lenivého človeka, ktorý nerád pracuje, a tak dáva prednosť alkoholu a mrhá svojím časom. Takého človeka začne zvádzať Satan a jeho myseľ navedie tak, aby sa oddal alkoholu a mrhaniu času a bol presvedčený, že práca je záťaž. Satan ho tiež odvedie od dobra, ktoré je pravdou, okradne ho o energiu rozvíjať svoj život a zmení ho na nekompetentného a neužitočného človeka.

Keď človek žije a správa sa podľa Satanových myšlienok, nie je schopný Satanovi uniknúť. Okrem toho, keďže jeho srdce je stále horšie a horšie, on sa už oddal zlým myšlienkam, a namiesto riadenia svojho srdca, bude robiť to, čo sa mu páči. Ak sa chce hnevať, bude sa hnevať, aby bol spokojný; ak chce bojovať alebo hádať sa, bude bojovať a hádať sa; a keď chce piť, nebude schopný alkoholu odolať. Keď sa to nahromadí, od určitého bodu už nebude schopný ovládať svoje myšlienky a srdce a zistí, že všetky veci sú proti jeho vôli. Týmto procesom sa stane posadnutý démonmi.

3. Príčina posadnutia démonom

Existujú dva hlavné dôvody, prečo človek môže byť zvábený Satanom a neskôr posadnutý démonmi.

1) Rodičia
Ak rodičia opustili Boha, uctievali modly, čo Boh nenávidí a nepáči sa Mu to alebo urobili niečo mimoriadne zlé, potom sily zlých duchov vstúpia do ich detí, a ak s tým nič nespravia, budú posadnuté démonmi. V takom prípade musia rodičia prísť pred Boha, konať dôkladné pokánie z hriechov, odvrátiť sa od ich hriešnych ciest a prosiť Boha za svoje deti. Boh potom uvidí srdce rodičov a uskutoční dielo uzdravenia, a tým uvoľní reťaze nespravodlivosti.

2) Samotný človek
Bez ohľadu na hriechy rodičov, človek môže byť posadnutý démonmi kvôli jeho vlastnej nepravde, vrátane zla, pýchy, a podobne. Keďže človek sa nemôže sám modliť a kajať, až keď dostane modlitbu od Božieho služobníka, ktorý uskutočňuje Božiu moc, môžu byť reťaze nespravodlivosti uvoľnené. Keď sú démoni vyhnaní a on príde k rozumu, mal by byť vyučovaný Božie Slovo, aby sa jeho srdce, ktoré bolo kedysi plné hriechu a bolo očistené od zla, stalo srdcom pravdy.

Preto, ak je člen rodiny alebo príbuzný posadnutý démonmi, rodina musí určiť osobu, ktorá sa bude v jeho mene modliť. Je to preto, lebo srdce a myseľ démonom posadnutého človeka sú riadené démonmi a on nie je schopný robiť niečo vlastnou vôľou. Nemôže sa ani modliť, ani počúvať Slovo pravdy; a z tohto dôvodu nemôže žiť v pravde. Preto sa musí celá rodina alebo iba jeden rodinný člen modliť za neho s láskou a súcitom, aby démomon posadnutý člen rodiny mohol žiť vo viere. Keď Boh vidí oddanosť a lásku tejto rodiny, uskutoční dielo uzdravenia. Ježiš nám prikázal milovať blížneho ako seba samého (Lk 10, 27). Ak nie sme schopní modliť sa a obetovať sa pre člena našej rodiny, ktorý je posadnutý démonmi, ako môžeme milovať svojich blížnych?

Keď rodina a priatelia démonmi posadnutého človeka určia príčinu a konajú pokánie, modlia sa vo viere v Božiu moc, s láskou sa obetujú a zasadia semienko viery, potom sily démonov budú premožené a ich milovaný sa zmení na človeka pravdy, ktorého Boh pred démonmi ochráni.

4. Spôsoby uzdravenia ľudí posadnutých démonmi

V mnohých častiach Biblie sú prípady uzdravenia ľudí posadnutých démonmi. Pozrime sa na to, ako získali uzdravenie.

1) Musíte odmietnuť sily démonov
V Mk 5, 1-20 nájdeme človeka, ktorý bol posadnutý nečistým

duchom. Verše 3 až 4 opisujú človeka: *"Býval v hroboch a nik ho už nemohol zviazať ani reťazami. Lebo často ho sputnali okovami a reťazami, ale on reťaze roztrhal a okovy rozlámal; nik ho nevládal skrotiť."* V Mk 5, 5-7 je tiež napísané: *"A stále, v noci i vo dne bol v hroboch a na vrchoch, kričal a tĺkol sa kameňmi. Keď v diaľke zbadal Ježiša, pribehol, poklonil sa mu a skríkol veľkým hlasom: ,Čo ťa do mňa, Ježiš, syn najvyššieho Boha?! Zaprisahám ťa na Boha, nemuč ma!'"*

To bola odpoveď na Ježišov príkaz: *"Nečistý duch, vyjdi z tohoto človeka!"* (v 8) Táto scéna nám hovorí, že aj keď ľudia nevedeli, že Ježiš bol Boží Syn, nečistý duch presne vedel, kto bol Ježiš a akú mal moc.

Ježiš sa spýtal: *"Ako sa voláš?"* a démonmi posadnutý človek odpovedal: *"Volám sa légia, lebo je nás mnoho"* (v 9). On tiež znovu a znovu prosil Ježiša, aby ich nevyháňal z toho kraja, a aby ich poslal do ošípaných. Ježiš sa nepýtal na meno preto, že ho nevedel, spýtal sa na meno ako sudca vypočúvajúci nečistého ducha. Okrem toho „légia" znamená, že človeka ovládol veľký počet démonov.

Ježiš dovolil „légii", aby vstúpili do stáda ošípaných, ktoré sa hnalo dolu strmým kopcom do mora a tam sa utopilo. Keď vyháňame démonov, musíme to urobiť so Slovom pravdy, ktoré je symbolizované vodou. Keď ľudia videli človeka, ktorý nemohol byť uzdravený ľudskou mocou, úplne uzdraveného, ako tam sedí oblečený a so zdravým rozumom, začali sa báť.

Ako by sme dnes mali vyhánať démonov? Mali by byť

vyhnaný v mene Ježiša Krista do vody, ktorá symbolizuje Slovo alebo do ohňa, ktorý symbolizuje Ducha Svätého, aby stratili svoju moc. Ale pretože démoni sú duchovné bytosti, budú vyhnaní iba vtedy, ak sa modlí človek s mocou vyháňať démonov. Keď sa človek bez viery snaží vyhnať démonov, budú ho ponižovať alebo posmievať sa mu. Preto, aby bolo možné uzdraviť démonmi posadnutého človeka, musí ich modlitbou vyhnať človek s Božou mocou.

Avšak, občas démoni nebudú vyhnaní, aj keď ich vyháňa Boží muž v mene Ježiša Krista. To je preto, lebo človek posadnutý démonmi sa rúhal alebo hovoril proti Duchu Svätému (Mt 12, 31; Lk 12, 10). Uzdravenie sa nemôže uskutočniť na niektorých démonmi posadnutých ľuďoch, keď po prijatí poznania pravdy dobrovoľne ďalej hrešia (Hebr 10, 26).

V Hebr 6, 4-6 nájdeme: *„Veď nie je možné, aby tí, čo už raz boli osvietení a okúsili nebeský dar, tí, čo sa stali účastníkmi Ducha Svätého, zakúsili dobré Božie slovo a sily budúceho veku, a potom odpadli, aby sa znova obnovili pokáním, pretože v sebe znova križujú Božieho Syna a vystavujú ho na posmech."*

Teraz, keď sme sa o tom dozvedeli, musíme chrániť samých seba, aby sme sa nikdy nedopustili hriechov, ktoré nemôžu byť odpustené. Musíme tiež rozlišovať v pravde, či človek posadnutý démonmi môže alebo nemôže byť uzdravený skrze modlitbu.

2) Vyzbrojiť sa pravdou

Akonáhle sú démoni vyhnaní, ľudia musia naplniť svoje

srdce životom a pravdou horlivým čítaním Božieho Slova, vzdávaním chvál a modlitbou. Aj keď sú démoni vyhnaní, keď ľudia aj naďalej žijú v hriechu bez vyzbrojenia sa pravdou, vyhnaní démoni sa vrátia a tentoraz budú sprevádzaní viacerými démonmi, ktorí sú ešte horší. Pamätajte si, že stav ľudí bude oveľa horší, ako keď do nich démoni vstúpili po prvýkrát.

V Mt 12, 43-45 nám Ježiš hovorí:

> *Keď nečistý duch vyjde z človeka, blúdi po vyschnutých miestach a hľadá odpočinok, ale nenájde. Vtedy si povie: „Vrátim sa do svojho domu, odkiaľ som vyšiel." Keď ta príde, nájde ho prázdny, vymetený a vyzdobený. Tu odíde, vezme so sebou sedem iných duchov horších, ako je sám, vojdú dnu a usídlia sa tam. A stav takého človeka je nakoniec horší, ako bol predtým. Tak to bude aj s týmto zlým pokolením.*

Démoni nemôžu byť vyhnaní nedbalo. Navyše potom, čo sú démoni vyhnaní, priatelia a rodina človeka, ktorý bol posadnutý démonmi, musia pochopiť, že tento človek teraz potrebuje starostlivosť s väčšou láskou ako predtým. Musia sa o neho oddane starať, obetovať sa a vyzbrojiť ho pravdou, až kým nebude úplne uzdravený.

5. Všetko je možné pre toho, kto verí

V Mk 9, 17-27 je prípad Ježišovho uzdravenia syna posadnutého duchom, ktorý mu bránil rozprávať, a trpel epilepsiou, keď videl vieru jeho otca. Pozrime sa v krátkosti na to, ako bol syn uzdravený.

1) Rodina musí preukázať vieru

Syn v Mk 9 bol od detstva hluchonemý, pretože bol posadnutý démonom. Nerozumel ani jednému slovu a rozhovor s ním nebol možný. Navyše, bolo ťažké určiť, kedy a kde dostane epileptický záchvat. Preto jeho otec žil neustále v strachu a utrpení, bez akejkoľvek nádeje v živote.

Potom sa otec dopočul o mužovi z Galiley, ktorý vykonával zázraky vzkriesenia mŕtvych a uzdravovania rôznych druhov chorôb. Týmto zúfalým človekom prenikol lúč nádeje. Ak boli zvesti pravdivé, otec veril, že tento muž z Galiley mohol uzdraviť aj jeho syna. Pri hľadaní šťastia otec priviedol syna pred Ježiša a povedal mu: *„Ale ak niečo môžeš, zľutuj sa nad nami a pomôž nám!"* (Mk 9, 22)

Keď si Ježiš vypočul otcovu úpenlivú prosbu, odpovedal: *„Ak môžem? Veriacemu je všetko možné,"* (v 23) a pokarhal otca pre jeho malú vieru. Otec počul zvesti, ale v srdci im neveril. Ak by otec vedel, že Ježiš je Synom všemohúceho Boha a pravda sama, nebol by povedal „ak." Aby nás naučil, že bez viery nie je možné páčiť sa Bohu, a že je nemožné získať odpovede bez úplnej viery, ktorou človek môže veriť, Ježiš povedal: „Ak môžeš?" a pokarhal otca pre jeho „malú vieru."

Vo všeobecnosti môžeme vieru rozdeliť na dva druhy. „Telesnou vierou" alebo „vierou ako vedomosť" človek môže veriť v to, čo vidí. Druh viery, ktorým človek verí bez toho, aby videl, je „duchovná viera", „pravá viera", „živá viera" alebo „viera sprevádzaná skutkami." Tento druh viery môže vytvoriť niečo z ničoho. Definícia „viery" podľa Biblie je *„viera je základom toho, v čo dúfame, dôkazom toho, čo nevidíme"* (Hebr 11, 1).

Keď ľudia trpia ľuďmi nevyliečiteľnou chorobou, môžu byť uzdravení, pretože ich choroba bude spálená ohňom Ducha Svätého, ak preukážu svoju vieru a sú naplnení Duchom Svätým. Ak ochorie začiatočník v živote vo viere, môže byť vyliečený, keď otvorí svoje srdce, počúva Slovo a dokáže svoju vieru. Ak ochorie zrelý kresťan s vierou, môže byť uzdravený, ak pomocou pokánia zmení spôsob života.

Keď ľudia trpia chorobami, ktoré nemôžu byť vyliečené lekárskou vedou, musia ukázať vieru, ktorá je dostatočne veľká. Ak ochorie zrelý kresťan s vierou, môže byť uzdravený, keď otvorí svoje srdce, koná pokánie a úprimne sa modlí. Ak ochorie človek s malou alebo žiadnou vierou, nebude uzdravený, kým nedostane vieru a podľa rastu jeho viery sa uskutoční dielo uzdravenia.

Tí, ktorí sú telesne postihnutí, ktorých telá sú zdeformované a tiež rôzne dedičné choroby, môžu byť uzdravení iba Božím zázrakom. Preto musia ukázať oddanosť Bohu a vieru, ktorou Ho môžu milovať a potešovať. Až potom Boh uzná ich vieru a uzdraví ich. Keď ľudia ukážu Bohu ich vášnivú vieru – tak, ako Bartimej horlivo volal k Ježišovi (Mk 10, 46-52), ako stotník ukázal Ježišovi jeho veľkú vieru (Mt 8, 5-13), a ako ochrnutý a jeho štyria priatelia ukázali vieru a obetavosť (Mk 2, 3-12) – Boh ich uzdraví.

Podobne, pretože ľudia, ktorí sú posadnutí démonmi, nemôžu byť uzdravení bez Božieho diela a nie sú schopní preukázať svoju vieru, aby získali uzdravenie z neba, musia ostatní členovia rodiny veriť vo všemohúceho Boha a prísť k Nemu.

2) Ľudia musia mať vieru, ktorou môžu veriť

Otec syna, ktorý bol už dlho posadnutý démonom, bol najprv pokarhaný Ježišom pre jeho malú vieru. Keď Ježiš mužovi s istotou povedal: *„Veriacemu je všetko možné,"* (Mk 9, 23) otcove pery vyznali: „Verím." Ale jeho viera bola iba ako vedomosť. To je dôvod, prečo otec prosil Ježiša: *„Pomôž mojej viere!"* (Mk 9, 24) Po vypočutí otcovej prosby z úprimného srdca, horlivej modlitby a viery, Ježiš dal otcovi vieru, ktorou mohol veriť.

Z rovnakého dôvodu môžeme volaním k Bohu získať vieru, ktorou môžeme veriť a s týmto druhom viery získame odpovede na naše problémy a „nemožné" sa stane „možným."

Akonáhle mal otec vieru, ktorou mohol veriť, keď Ježiš prikázal: *„Nemý a hluchý duch, ja ti rozkazujem: Vyjdi z neho a už nikdy doň nevchádzaj,"* zlý duch s výkrikom zo syna vyšiel (Mk 9, 25-27). Keď otcove pery prosili o vieru, ktorou by mohol veriť a túžil po Božom zásahu – a to aj potom, čo ho Ježiš pokarhal – Ježiš vykonal úžasné dielo uzdravenia.

Ježiš dokonca vypočul a úplne uzdravil otcovho syna, ktorý bol posadnutý duchom, ktorý mu bránil rozprávať a trpel epilepsiou, takže často padal, z úst mu vychádzala pena, škrípal zubami a chradol. A teda, nepostaral by sa On o tých, ktorí veria v Božiu moc, ktorou je všetko možné a žijú podľa Jeho Slova, aby sa im vo všetkom darilo a žili zdravý život?

Čoskoro po založení Manminu prišiel po vypočutí správ do kostola mladý muž z provincie Gangwon. Mladý muž si myslel, že verne slúžil Bohu ako učiteľ nedeľnej školy a člen zboru. Ale pretože bol nesmierne hrdý a neodhodil zlo zo svojho srdca a hromadil hriech, mladý muž trpel potom, čo mu do jeho nečistého srdca vstúpil démon a začal tam prebývať. Dielo uzdravenia sa uskutočnilo na základe úprimnej modlitby a obetavosti jeho otca. Po zistení totožnosti démona a vyhnaní modlitbou, mladému mužovi vyšla z úst pena, prevrátil sa na chrbát a veľmi zapáchal. Po tomto incidente sa život mladého muža obnovil, pretože sa v Manmine vyzbrojil pravdou. Dnes verne slúži kostolu v provincii Gangwon a vzdáva slávu Bohu tým, že sa delí o milosť svedectva jeho uzdravenia s mnohými ľuďmi.

V mene nášho Pána sa modlím, aby ste pochopili, že rozsah Božieho diela je neobmedzený, a že ním je všetko možné, a preto, ak hľadáte v modlitbe, stanete sa nielen požehnaným Božím dieťaťom, ale aj Jeho milovaným svätcom, ktorému sa stále vo všetkom darí!

Kapitola 7

Viera a poslušnosť malomocného Námana

„Náman teda išiel
so svojimi koňmi a mužmi
a zastal predo dvermi Elizeovho domu.
Elizeus poslal k nemu posla s odkazom:
„Choď a okúp sa sedem ráz v Jordáne,
potom ti telo ozdravie a budeš zasa čistý!"
Preto zostúpil a sedem ráz sa ponoril
do Jordána podľa slova Božieho muža
a jeho telo bolo zasa také čisté
ako telo malého chlapca."

2 Kr 5, 9-10; 14

1. Malomocný generál Náman

Počas života sa stretávame s veľkými i malými problémami. Občas čelíme problémom, ktoré sú nad ľudské možnosti.

V krajine Aram severne od Izraela žil armádny generál Náman. Doviedol aramejskú armádu k víťazstvu v najkritickejšiu hodinu krajiny. Náman miloval svoju vlasť a svojmu kráľovi verne slúžil. Aj keď si kráľ Námana veľmi vážil, generál sa trápil kvôli tajomstvu, o ktorom nikto iný nevedel.

Čo bolo príčinou jeho trápenia? Náman bol v agónii, nie pretože nemal bohatstvo alebo slávu. Náman sa cítil postihnutý a nedokázal byť v živote šťastný, pretože trpel malomocenstvom, ktoré vtedajšia medicína nebola schopná vyliečiť.

Počas Námanovej doby boli malomocní ľudia považovaní za nečistých. Boli nútení žiť v izolácii za hranicami mesta. Námanovo utrpenie bolo ešte väčšie, pretože okrem bolesti mal aj iné problémy sprevádzajúce chorobu. Príznaky malomocenstva zahŕňali fľaky po tele, najmä na tvári človeka, na povrchu rúk a nôh a na priehlavkoch na nohách, a tiež aj degeneráciu zmyslov. V závažných prípadoch človek stratil obočie, nechty na rukách a na nohách a celkový vzhľad človeka bol príšerný.

Potom jedného dňa Náman, ktorý bol postihnutý nevyliečiteľnou chorobou a neschopný nájsť radosť v živote, počul dobrú správu. Podľa malého dievčaťa, ktoré zajali v Izraeli, a ktoré slúžilo jeho žene, v Samárii bol prorok, ktorý mohol vyliečil Námanovo malomocenstvo. Pretože neexistovalo nič, čo by pre uzdravenie neurobil, Náman povedal kráľovi o jeho chorobe a to, čo počul od otrokyne. Keď sa kráľ dopočul, že jeho verný generál by sa z malomocenstva uzdravil, ak by išiel pred proroka v Samárii, kráľ dychtivo pomohol Námanovi a dokonca v Námanovom mene napísal list izraelskému kráľovi.

Náman odišiel do Izraela s desiatimi talentami striebra, šesťtisíc šekelmi zlata, desiatimi kusmi oblečenia a s kráľovým listom, v ktorom bolo napísané: *„Teraz, súčasne s týmto listom ti posielam svojho služobníka Námana. Osloboď ho od malomocenstva!"* (v 6) V tej dobe bol aramejský národ silnejší ako národ Izraela. Keď si izraelský kráľ prečítal list od aramejského kráľa, roztrhol si rúcho a povedal: *„Som ja Boh, aby som mohol dávať smrť a život, že tento posiela ku mne, aby som človeka oslobodil od malomocenstva? Vidíte jasne, že hľadá proti mne zámienku!"* (v 7)

Keď izraelský prorok Elizeus počul túto správu, prišiel pred kráľa a povedal: *„Prečo si si roztrhol rúcho?! Nech príde ku mne a dozvie sa, že v Izraeli je prorok"* (v 8). Keď izraelský kráľ poslal Námana do Elizeovho domu, prorok sa s generálom nestretol, ale mu len prostredníctvom posla odkázal: *„Choď a okúp sa sedem ráz v Jordáne, potom ti telo ozdravie a budeš zasa čistý!"* (v 10)

Ako trápne sa musel cítiť Náman, ktorý prišiel s koňmi a vozmi do Elizeovho domu, len aby zistil, že prorok ho ani neprivíta, ani sa s ním nestretne? Generál sa rozhneval. Myslel si, že ak príde na návštevu armádny generál krajiny silnejšej ako Izrael, bude prorokom srdečne privítaný a on na neho položí ruky. Namiesto toho, Náman od proroka dostal chladné privítanie a bolo mu povedané, aby sa umyl v takej malej a špinavej rieke ako rieka Jordán.

V hneve sa Náman rozhodol vrátiť domov a povedal: *„Nazdával som sa, že naisto vyjde ku mne a bude vzývať meno Pána, svojho Boha, rukou sa dotkne miesta a odstráni malomocenstvo. Nie sú rieky Damasku Abana a Farfar lepšie ako všetky rieky Izraela?! Nemôžem sa v nich okúpať a očistiť sa?"* (v 11-12) Ako sa pripravoval na cestu domov, Námanovi sluhovia ho prehovárali. *„Keby prorok žiadal od teba veľkú vec, neurobil by si to? O čo skôr, keď ti povedal: Okúp sa a budeš čistý!"* (v 13) Potom presviedčali svojho pána, aby poslúchol Elizeove pokyny.

Čo sa stalo, keď sa Náman sedemkrát ponoril do Jordánu podľa Elizeových pokynov? Jeho telo sa stalo takým čistým ako telo malého chlapca. Malomocenstvo, kvôli ktorému Náman trpel, bolo úplne vyliečené. Keď bola ľuďmi nevyliečiteľná choroba úplne vyliečená vďaka Námanovej poslušnosti k Božiemu mužovi, generál začal uznávať živého Boha a Božieho muža Elizea.

Potom, čo zažil moc živého Boha – Boha Lekára malomocenstva – Náman sa vrátil k Elizeovi a vyznal: *„Nato sa s celým sprievodom vrátil k Božiemu mužovi. Keď prišiel a zastal pred ním, vravel: „Teraz viem; že na celej zemi niet Boha, iba v Izraeli. A teraz prijmi dar od svojho sluhu!"* Ale odpovedal: *„Ako žije Pán, pred ktorým stojím, neprijmem!"* A hoci naň naliehal, aby prijal, odmietol. Vtedy Náman povedal: *„Dovolíš, prosím, aby dali tvojmu sluhovi zeme, koľko unesú* *dve mulice? Lebo tvoj sluha už neprinesie celopal ani inakšiu obetu iným bohom, iba Pánovi'"* (2 Kr 5, 15-17).

2. Námanova viera a skutok

Teraz sa pozrieme na vieru a skutok Námana, ktorý stretol Boha Lekára a bol uzdravený z nevyliečiteľnej choroby.

1) Námanove dobré svedomie

Niektorí ľudia ochotne prijímajú a veria slovám ostatných ľudí, zatiaľ čo iní majú tendenciu všetko bezpodmienečne spochybňovať a neveriť iným ľuďom. Pretože Náman mal dobré svedomie, nezamietol slová iných ľudí, ale vľúdne ich prijal, mohol ísť do Izraela, poslúchnuť Elizeove pokyny a byť uzdravený, pretože neignoroval, ale venoval pozornosť a uveril slovám malého dievčaťa, ktoré slúžilo jeho manželke. Keď toto malé dievča, ktoré bolo zajaté v Izraeli, povedalo jeho žene: *„Keby bol môj pán u proroka v Samárii, isto by ho oslobodil od malomocenstva!"* (v 5) Náman jej uveril. Predstavte si, že ste v Námanovej pozícii. Čo by ste urobili? Prijali by ste jej slová úplne?

Napriek pokroku modernej medicíny je dnes veľa chorôb, na ktoré neexistuje liek. Ak by ste povedali ostatným ľuďom, že ste boli z nevyliečiteľnej choroby uzdravení Bohom, alebo že ste boli uzdravení po obdržaní modlitby, koľko ľudí si myslíte, že by vám uverilo? Náman veril slovám malého dievčaťa, išiel pred kráľa žiadať o povolenie, odišiel do Izraela a bol z malomocenstva uzdravený. Inými slovami, pretože Náman mal dobré svedomie, mohol prijať slová malého dievčaťa, keď mu hlásala evanjelium a podľa toho aj konať. Musíme si tiež uvedomiť, že keď je evanjelium ohlasované nám, môžeme získať odpovede na svoje problémy len vtedy, keď v neho uveríme a prídeme pred Boha tak, ako to urobil Náman.

2) Náman zničil svoje myšlienky

Keď Náman prišiel do Izraela s pomocou svojho kráľa a prišiel k domu Elizea, proroka, ktorý mohol vyliečiť malomocenstvo, dostalo sa mu chladného privítania. Rozhneval sa, keď Elizeus, ktorý v očiach neveriaceho Námana nemal slávu ani spoločenské postavenie, nemal záujem o verného služobníka aramejského kráľa a Námanovi povedal – prostredníctvom posla – sedemkrát sa umyť v rieke Jordán. Náman bol rozhnevaný, pretože bol poslaný samotným aramejským kráľom. Okrem toho, Elizeus na neho ani ruku nepoložil, ale namiesto toho iba Námanovi povedal, že môže byť očistený, ak sa umyje v malej a špinavej rieke Jordán.

Náman sa nahneval na Elizea a na prorokov skutok, ktorý vlastnými myšlienkami nemohol pochopiť. Pripravoval sa na cestu domov, premýšľajúc, že v jeho krajine je veľa iných veľkých a čistých riek, a že on bude očistený, ak sa umyje v jednej z nich. V tú chvíľu Námanovi sluhovia vyzvali svojho pána poslúchnuť Elizeove pokyny a umyť sa v rieke Jordán.

Pretože Náman mal dobré svedomie, nekonal podľa vlastných myšlienok, ale namiesto toho sa rozhodol nasledovať Elizeove pokyny a zamieril k Jordánu. Koľko ľudí so spoločenských postavením ekvivalentným Námanovmu by konalo pokánie a počúvalo naliehanie sluhov alebo iných ľudí na nižšej pozícii? Ako nájdeme v Iz 55, 8-9: *„Lebo moje myšlienky nie sú vaše myšlienky a vaše cesty nie sú moje cesty – hovorí Pán. Ako sú nebesá vyvýšené nad zem, tak sú moje cesty vysoko od vašich ciest a moje myšlienky od vašich myšlienok,"* keď sa pevne držíme ľudských myšlienok a teórií, nemôžeme počúvať Božie Slovo. Spomeňme si na koniec kráľa Saula, ktorý neposlúchal Boha. Keď sa riadime ľudskými myšlienkami a nenasledujeme Božiu vôľu, je to akt neposlušnosti. A ak si neuvedomíme svoju neposlušnosť, musíme si pamätať, že Boh nás opustí a odmietne ako kráľa Saula.

V 1 Sam 15, 22-23 čítame: *„Samuel odpovedal: ,Azda sa Pánovi páčia celopaly a obety tak, ako poslušnosť Pánovmu hlasu? Veď poslušnosť je lepšia než obeta a poddanosť lepšia ako tuk baranov! Lebo odbojnosť je (ako) hriech čarodejníctva, svojvoľnosť je (ako) hriech modlárstva. Pretože si pohrdol Pánovým slovom, zavrhne ťa, nebudeš kráľom!'"* Náman sa zamyslel a rozhodol sa zničiť vlastné myšlienky a nasledovať pokyny Božieho muža Elizea.

Z rovnakého dôvodu si musíme uvedomiť, že iba vtedy, keď zmeníme naše neposlušné srdcia na srdcia poslušné Božej vôli, môžeme dosiahnuť túžby našich sŕdc.

3) Náman poslúchol Slovo proroka

Nasledujúc Elizeove pokyny Náman vstúpil do rieky Jordán

a umyl sa. Bolo tam mnoho iných riek, ktoré boli širšie a čistejšie než Jordán, ale Elizeov pokyn ísť k Jordánu niesol duchovný význam. Rieka Jordán symbolizuje spásu, zatiaľ čo voda symbolizuje Božie Slovo, ktoré obmýva hriechy ľudí a umožňuje im dosiahnuť spasenie (Jn 4, 14). To je dôvod, prečo Elizeus chcel, aby sa Náman umyl v rieke Jordán, ktorá ho povedie ku spáse. Bez ohľadu na to, o koľko väčšie a čistejšie sú iné rieky, nevedú ľudí k spáse a nemajú s Bohom nič spoločné, a tak sa v týchto vodách nemôže zjaviť Božie dielo.

Ako nám Ježiš hovorí v Jn 3, 5: *„Ak sa niekto nenarodí z vody a z Ducha, nemôže vojsť do Božieho kráľovstva,"* umytím v rieke Jordán sa Námanovi otvorila cesta získať odpustenie hriechov a spásu a stretnúť sa so živým Bohom.

Prečo sa mal Náman umyť sedemkrát? Číslo „7" je číslo plnosti, ktoré symbolizuje dokonalosť. Nariadením, že Náman sa má umyť sedemkrát, Elizeus hovoril generálovi, aby získal odpustenie hriechov a úplne prebýval v Božom Slove. Až potom Boh, pre ktorého je všetko možné, uskutoční dielo uzdravenia a vylieči akúkoľvek nevyliečiteľnú chorobu.

Preto sa dozvedáme, že Náman bol uzdravený z malomocenstva, na ktoré neexistoval žiadny liek a ľudská sila nestačila, pretože poslúchol slovo proroka. O tomto nám Písmo jasne hovorí: *„Lebo živé je Božie slovo, účinné a ostrejšie ako každý dvojsečný meč; preniká až po oddelenie duše od ducha a kĺbov od špiku a rozsudzuje myšlienky a úmysly srdca. A niet tvora, ktorý by bol preň neviditeľný. Všetko je obnažené a odkryté pred očami toho, ktorému sa budeme zodpovedať"*

(Hebr 4, 12-13).

Náman prišiel pred Boha, ktorému nič nie je nemožné, zničil vlastné myšlienky, konal pokánie a podriadil sa Jeho vôli. Keď sa Náman sedemkrát ponoril do rieky Jordán, Boh videl jeho vieru, uzdravil ho z malomocenstva a Námanovo telo bolo obnovené a stal sa čistým ako malý chlapec.

Tým, že nám ponúka obyčajný dôkaz, ktorý potvrdzuje, že uzdravenie malomocenstva bolo možné len Jeho mocou, Boh nám hovorí, že všetky nevyliečiteľné choroby možno vyliečiť, ak Ho potešujeme vierou sprevádzanou skutkami.

3. Náman vzdáva slávu Bohu

Po uzdravení z malomocenstva sa Náman vrátil k Elizeovi a vyznal: „Teraz viem; že na celej zemi niet Boha, iba v Izraeli...tvoj sluha už neprinesie celopal ani inakšiu obetu iným bohom, iba Pánovi," a vzdal Bohu slávu.

V Lk 17, 11-19 je scéna, kde sa s Ježišom stretne desať ľudí a sú uzdravení z malomocenstva. Iba jeden z nich sa vrátil k Ježišovi, chválil Boha silným hlasom, padol k Ježišovým nohám a ďakoval mu. Vo veršoch 17-18 sa Ježiš opýtal muža: *„Neočistilo sa ich desať? A tí deviati sú kde? Nenašiel sa nik okrem tohoto cudzinca, čo by sa bol vrátil a vzdal Bohu slávu?"* V nasledujúcom verši 19 On potom povedal mužovi: *„Vstaň a choď, tvoja viera ťa uzdravila."* Ak budeme uzdravení mocou Boha, musíme vzdávať nielen slávu Bohu, prijať Ježiša Krista a získať spásu, ale aj žiť podľa Božieho Slova.

Náman mal druh viery a skutky, ktorými mohol byť uzdravený z malomocenstva, v jeho dobe nevyliečiteľnej choroby. Mal dobré svedomie veriť slovám slúžky. Mal druh viery, ktorou pripravil vzácny dar pre návštevu proroka. Ukázal skutok poslušnosti, aj keď pokyny proroka Elizea boli v rozpore s jeho myšlienkami.

Náman, pohan, kedysi trpel nevyliečiteľnou chorobou, ale prostredníctvom choroby sa stretol so živým Bohom a zažil dielo uzdravenia. Každý, kto príde pred všemohúceho Boha a ukáže svoju vieru a skutky, získa odpovede na všetky problémy, nech sú akokoľvek zložité.

V mene nášho Pána sa modlím, aby ste mali vzácnu vieru, dokázali túto vieru skutkami, dostali odpovede na všetky problémy vo vašom živote a stali sa požehnanými svätými vzdávajúcimi slávu Bohu.

Autor:
Dr. Jaerock Lee

Dr Jaerock Lee sa narodil v roku 1943 v Muane v Jeonnamskej provincii v Kórejskej republike. V jeho dvadsiatich rokoch sedem rokov trpel mnohými nevyliečiteľnými chorobami a bez nádeje na uzdravenie čakal na smrť. Jedného dňa, na jar v roku 1974, ho sestra zobrala do kostola, a keď pokľakol k modlitbe, živý Boh ho ihneď uzdravil zo všetkých chorôb.

Odkedy Dr Lee stretol živého Boha prostredníctvom tejto úžasnej skúsenosti, celým svojím srdcom Ho úprimne miluje. V roku 1978 bol povolaný, aby sa stal Božím služobníkom. Vrúcne sa modlil, aby mohol jasne pochopiť Božiu vôľu, úplne ju splniť a dodržiavať celé Božie slovo. V roku 1982 založil Manminskú centrálnu cirkev v Soule v Kórei. V jeho cirkvi sa uskutočňuje nespočetné množstvo Božích skutkov, vrátane zázračných uzdravení a znamení.

V roku 1986 bol Dr Lee vysvätený za pastora na výročnom zhromaždení Ježišovej Sungkyulskej cirkvi v Kórei a o štyri roky neskôr, v roku 1990, začali vysielať jeho kázne v Austrálii, v Rusku, na Filipínach a v mnohých ďalších krajinách prostredníctvom rozhlasových staníc Far East Broadcasting Company, Asia Broadcast Station a Washington Christian Radio System.

O tri roky neskôr v roku 1993 bola Manminská centrálna cirkev vybraná kresťanským časopisom *Christian World* (USA) za jednu z „50 najlepších svetových cirkví" a z univerzity Christian Faith College na Floride v USA dostal Dr. Lee čestný doktorát v Bohosloví. V roku 1996 na teologickom seminári Kingsway Theological Seminary in Iowa v USA získal doktorát v Službe.

Od roku 1993 má Dr Lee vedúce postavenie vo svetovej missi prostredníctvom mnohých zahraničných výprav do Tanzánie, Argentíny, Baltimore City, Los Angeles, na Hawaj, do New Yorku v USA, Ugandy, Japonska, Pakistanu, Kene, na Filipíny, Honduras, do Indie, Ruska, Nemecka, Peru, Demokratickej republiky Kongo, Izraela a do Estónska.

V roku 2002 bol hlavnými kresťanskými novinami *Christian newspapers* v Kórei nazvaný „celosvetovým pastorom" kvôli jeho práci na rôznych zámorských výpravách. Zvlášť jeho výprava do New Yorku v roku 2006, ktorá sa konala na námestí Madison Square Garden, najväčšej svetoznámej aréne, bola vysielaná 220 národom, a jeho výprava do Izraela v roku 2009, ktorá sa konala v Medzinárodnom kongresovom centre v Jeruzaleme, na ktorých smelo vyhlásil, že Ježiš Kristus je Mesiáš a Spasiteľ. Jeho kázeň je vysielaná v 176 krajinách pomocou satelitov, vrátane GCN TV. Bol vyhlásený za jedného z desiatich najvplyvnejších kresťanských vodcov roku 2009 a 2010 v populárnom ruskom kresťanskom časopise *In Victory* a novou agentúrou *Christian Telegraf* pre jeho presvedčujúce televízne vysielanie kresťanskej omše a zahraničnej cirkevnej službe.

Od júna 2017 má Manminská centrálna cirkev kongregáciu s viac ako 120 000 členmi. Bolo založených 11 000 filiálok po celom svete, vrátane 56 domácich filiálok, a zatiaľ viac ako 102 misionárov bolo poslaných do 23 krajín, vrátane Spojených štátov, Ruska, Nemecka, Kanady, Japonska, Číny, Francúzska, Indie, Kene a mnohých ďalších krajín.

K dátumu tohto uverejnenia Dr Lee napísal 108 kníh, vrátane bestsellerov *Ochutnať Večný Život pred Smrťou, Môj Život Moja Viera I & II, Posolstvo Kríža, Miera Viery, Nebo I & II, Peklo* a *Božia Moc.* Jeho diela sú preložené do viac ako 76 jazykov.

Jeho kresťanský stĺpec je vydávaný v časopisoch *The Hankook Ilbo, The JoongAng Daily, The Chosun Ilbo, The Dong-A Ilbo, The Seoul Shinmun, The Kyunghyang Shinmun, The Hankyoreh Shinmun, The Korea Economic Daily, The Shisa News* a *The Christian Press.*

Dr Lee je v súčasnej dobe vedúcou osobnosťou mnohých misijných organizácií a združení: Chairman, The United Holiness Church of Jesus Christ; Permanent President, The World Christianity Revival Mission Association; Founder & Board Chairman, Global Christian Network (GCN); Founder & Board Chairman, World Christian Doctors Network (WCDN); a Founder & Board Chairman, Manmin International Seminary (MIS).

Ďalšie silné knihy od rovnakého autora

Nebo I & II

Podrobný nákres nádherného životného prostredia, z ktorého sa tešia nebeskí príslušníci a krásny popis rôznych úrovní nebeského kráľovstva.

Posolstvo kríža

Úžasné posolstvo prebudenia pre všetkých ľudí, ktorí sú duchovne spiaci! V tejto knihe nájdete dôvod, prečo je Ježiš jediný Spasiteľ a naozajstnú lásku Boha.

Peklo

Úprimné posolstvo Boha celému ľudstvu, ktorý chce, aby ani jedna duša nepadla do hlbín pekla! Objavíte nikdy predtým neodhalený opis krutej reality Dolného podsvetia a pekla.

Duch, Duša a Telo I & II

Sprievodca, ktorý nám dáva duchovné porozumenie ducha, duše a tela a pomáha nám zistiť druh nášho „ja", aby sme mohli získať moc poraziť temnotu a stať sa duchovným človekom.

Miera Viery

Čo je to za príbytok, vence a odmeny, ktoré sú pre vás pripravené v nebi? Táto kniha poskytuje múdre pokyny pre vás o tom, ako merať vieru a dosiahnuť tú najlepšiu a najzrelšiu vieru.

Prebuď sa, Izrael

Prečo Boh dohliadal na Izrael od začiatku sveta až dodnes? Aká Božia prozreteľnosť bola pripravená na posledné dni pre Izrael, ktorý čaká na Mesiáša?

Môj Život Moja Viera I & II

Najvoňavejšia duchovná vôňa získaná zo života, ktorý kvitol s neporovnateľnou láskou k Bohu, uprostred temných vĺn, studeného jarma a najhlbšieho zúfalstva.

Božia moc

Musíte si prečítať túto knihu, ktorá slúži ako základný sprievodca na získanie pravej viery a okúsenie úžasnej Božej moci.

---

www.urimbooks.com

www.ingramcontent.com/pod-product-compliance
Lightning Source LLC
LaVergne TN
LVHW041711060526
838201LV00043B/671